道德教育悖论现象研究

Moral education

王　艳◇著

安徽师范大学出版社
ANHUI NORMAL UNIVERSITY PRESS
·芜湖·

图书在版编目（CIP）数据

道德教育悖论现象研究 / 王艳著 . —芜湖 : 安徽师范大学出版社 , 2019.2（2024.6 重印）
ISBN 978-7-5676-3546-3

Ⅰ . ①道… Ⅱ . ①王… Ⅲ . ①德育 – 研究 – 中国Ⅳ . ①G41

中国版本图书馆 CIP 数据核字（2018）第 097085 号

道德教育悖论现象研究
王　艳◇著

DAODE JIAOYU BEILUN XIANXIANG YANJIU

责任编辑：晋雅雯
装帧设计：张　玲
责任印制：桑国磊
出版发行：安徽师范大学出版社
　　　　　芜湖市北京东路 1 号安徽师范大学赭山校区　　　邮政编码：241000
网　　　址：http://www.ahnupress.com
发 行 部：0553-3883578　5910327　5910310（传真）
印　　　刷：阳谷毕升印务有限公司
版　　　次：2019 年 2 月第 1 版
印　　　次：2024 年 6 月第 2 次印刷
规　　　格：700 mm × 1000 mm　　　1/16
印　　　张：12.5
字　　　数：190 千字
书　　　号：ISBN 978-7-5676-3546-3
定　　　价：49.00 元

凡发现图书有质量问题 , 请与我社联系（联系电话 : 0553-5910315）

目　录

第一章　道德教育悖论现象研究的缘起

　　恩格斯说："历史从哪里开始，思想进程也应当从哪里开始，而思想进程的进一步发展不过是历史过程在抽象的、理论上前后一贯的形式上的反映……"。①人文社会科学研究的不竭泉源和生命力就在立足于实践和生动蓬勃发展着的历史。

　　本书所论及的问题正是道德教育实践中提出的问题。这样的问题看起来似乎都很简单，所以我们往往忽略对其的思考。我们常说一滴水可以折射阳光，但却极少有人问及原因，于是许多真正的"学问"——理论的真知和实践的财富就这样跟随着历史从我们的身边匆匆流逝，而那些擅长抓住一个个"为什么"的民族或个人，则解决了历史发展长河中一个个扑面而来的问题，获得了一个个历史发展的机遇。

　　我们曾以我们民族源远流长的伦理文化和道德教育的传统而引为自豪，但实行改革开放以来我们渐渐地发现，我们的伦理文化和道德教育传统存在不少的问题。首先，与世界上一些民族相比较至少不是最先进的，不是最好的；其次，其中一些"先天不足"因素正在干扰着当代中国社会主义现代化的人才培养，而我们的一些学者和从事道德教育的人对此尚缺乏应有的自觉，一味呼吁重视道德教育，却很少能够自觉地从道德教育自身寻找问题的症结所在，给予实践理性意义上的思考和梳理。他们的认知和情绪，不仅不能从根本上说明和解决困扰我们的问题，而且会给说明和解决道德教育的低效和失效的问题增添思想上的障碍。

----

①《马克思恩格斯选集》第2卷,人民出版社1995年版,第43页。

　　本书立足道德教育实践，以道德教育悖论为研究范式来关照道德教育文本及其实践活动中影响和制约道德教育有效性发挥的主客观因素，以期澄清道德教育中的相关概念和认识，揭示影响道德教育有效性发挥的悖论现象，阐明道德教育价值实现的内在规律，为道德教育有效性的提升提供某种借鉴。

第一节　研究的背景

　　在人类教育史上，道德教育一直处于重要位置，这在中国尤为明显。古代思想家尤其是儒家代表人物几乎都把具有道德属性作为人区别于动物的重要标志，如孔子云："君子义以为上，君子有勇而无义为乱，小人有勇而无义为盗"①，即"义"是最可尊贵的，人的道德品性的培养是最重要的；孟子云："生，亦我所欲也；义，亦我所欲也。二者不可得兼，舍生而取义者也"②，指出了在生与死的抉择中"义"之于人的重要性；荀子云："水火有气而无生，草木有生而无知，禽兽有知而无义，人有气有生有知亦且有义，故最为天下贵也"③，他将"义"看作是人之所以高于其他物类，最为尊贵的缘由。《大学》作为探讨教育理论的著作，其开篇即云："大学之道，在明明德，在亲民，在止于至善"，把德性的培养置于首位，对道德教育的强调不可谓不重要。《左转》曾概括人生"三不朽"："太上有立德，其次有立功，其次有立言"，其中"立德"是最基本的，被置于"三不朽"之首。儒家经典多成为中国古代教育的主要内容，形成了源远流长的德性论教育传统。学界一般认为，中国古代的教育基本上就是道德教育。

　　在西方，自苏格拉底提出"知识即美德"的伦理命题到亚里士多德的德性伦理学的形成，初步奠定了以理性主义德性论为中心的德性教化传统，确立了道德教育的理论根基。苏格拉底曾说："我个人献身为你们

①《论语·阳货》。
②《孟子·告子上》。
③《荀子·王制》。

从事最伟大的有益的服务，我力图规劝你们每个人不要多想实际的利益，要更多关注灵魂和道德的改善。"① "他时常就一些关于人类的问题作一些辩论，考究什么事是敬虔的，什么事是不敬虔的；什么是适当的，什么是不适当的；什么是正义的，什么是非正义的；什么是精神健全的，什么是精神不健全的；什么是坚韧，什么是懦怯……"②，希望通过哲学的追问，帮助雅典人认识美德，进而完成德性的教化。近现代以来，人的生存价值序列发生了变化，其中，"价值序列最为深刻的转化是生命价值隶属于有用价值"③，由此带来了实用性价值的凸显，而那些终极性的价值则退到了幕后。正是有感于现代道德衰落的现实，以麦金太尔为代表的伦理学家力主回归传统德性伦理以拯救现代道德危机。这些探索无不凸显了道德及道德教育在人类发展进程中的重要位置。对此，教育学家感触更深，如赫尔巴特曾说："教学如果没有进行道德教育，只是一种没有目的的手段，道德教育（或者品格教育）如果没有教学，就是一种失去了手段的目的"④；苏霍姆林斯基也说："学校里所做的一切都应当包含深刻的道德意义"⑤；杜威的观点虽有武断的嫌疑，却也表达了道德教育的重要地位："无论哪一国讲教育的人，都公认教育底最高的、最后的目的，是道德教育。"⑥

我国历来注重思想道德建设，尤其是党的十八大以来，党中央站在战略的高度来思考和筹划道德建设问题。习近平总书记指出，国无德不兴，人无德不立。必须加强全社会的思想道德建设，激发人们形成善良的道德意愿、道德情感，培育正确的道德判断和道德责任，提高道德实践能力尤其是自觉践行能力，引导人们向往和追求讲道德、尊道德、守道德的生活，形成向上的力量、向善的力量。只要中华民族一代接着一

---

① 柏拉图:《申辩篇》,王晓朝译,商务印书馆1983年版,第36页。

② 色诺芬:《回忆苏格拉底》,吴永泉译,商务印书馆1984年版,第5页。

③ 马克斯·舍勒:《价值的颠覆》,刘小枫编,罗悌伦等译,生活·读书·新知三联书店1997年版,第141页。

④ 曹孚编:《外国教育史》,人民教育出版社1979年版,第177页。

⑤ 苏霍姆林斯基:《给教师的建议》,杜殿坤译,教育科学出版社1984年版,第158—159页。

⑥ 转引自陈晓平:《面对道德冲突——关于素质教育的思考》,中央编译出版社2002年版,前言第1页。

代追求美好崇高的道德境界，我们的民族就永远充满希望。[①]与此同时，各级各类学校则深入推进、贯彻落实"立德树人"的根本任务，将其视为立校之本、学校发展的第一要务。道德教育状况成为衡量社会风气的一个重要标尺、社会兴衰的一种重要因素。

人们对道德教育寄托了太多的期望，总是试图通过对道德教育目标、内容、方法等问题的探讨来提高道德教育的有效性，进而发挥其应有的作用。这些探讨确有必要，历经四十年的改革与探索，道德教育的目标更为清晰明确了，道德教育的内容较以前丰富多彩了，道德教育的方法和组织形式也渐渐生动活泼了，但道德教育的整体效果依然不甚理想，以致不少人对道德教育的前景失去了信心，更有甚者质疑道德教育存在的价值。这一切都让我们反思我们到底忽略了道德教育的什么问题？又或者道德教育的目标、内容、方法的探讨都合乎理想状态，道德教育的效果是不是就一定很理想？我们在培养"真君子"的同时，"伪君子"是怎么产生的？我们在培育优良道德品质的同时，不良道德品质又从何而来？这些和道德教育的过程有无关系？这些道德教育问题之所以成为研究问题，离不开对时代背景的考察与理论背景的把握。

一、时代背景：多元价值冲突和交汇之中道德权威的缺失

"对于道德概念的变化，如果离开它所赖以存在和发生变化的背景条件，是不可理解的"。[②]我们也可以说，对于道德观念的变化，如果离开它所赖以存在和发生变化的背景条件，是不可理解的。因此，把握道德及道德教育离不开对其时代背景的考察。

马克斯·韦伯曾对现代社会作了精彩的总结："我们的时代，是一个理性化、理知化，尤其是将世界之迷魅加以祛除的时代；我们这个时代的宿命，便是一切终极而最崇高的价值，已自社会生活隐没，或者遁入

① 中共中央文献研究室编：《习近平关于社会主义文化建设论述摘编》，中央文献出版社2017年版，第137页。

② 阿拉斯代尔·麦金太尔：《伦理学简史》，龚群译，商务印书馆2003年版，第3页。

神秘生活的一个超越世界，或者流于个人之间直接关系上的一种博爱。"①这里的"祛魅"，是指对世界的一体化宗教性统治与解释的解体，发生在西方国家从宗教社会向世俗社会的现代性转型过程中。自文艺复兴以来的世俗化运动将灵魂救赎与世俗的职业结合起来为资本主义现代化的进程提供了动力，但在资本主义经济制度完全确立以后，"宗教冲动力"在与"经济冲动力"的博弈中逐渐被世俗化，人类的精神价值与宗教情怀的纽带也逐渐被工业化时代的实用主义哲学和蓬勃发展的科技理性所割断。于是，理性在成全了现代化的同时也无疑成为现代化最明显的标签。这个标签早在欧洲启蒙运动时期就成为时代的主旋律，为现代化奠下了基础。

针对启蒙人神对举、祛除巫魅的要求，理性在经验与超验的对举中以同宗教的神性相对作为世俗社会为道德与社会立法、建立新的社会规范的依据。但这种贬低信仰、推崇理智的现代理性很快沦落为科技理性、工具理性，主张通过对外在世界进行理性、技术的组织和控制，使社会生活逐渐规范化和法制化，最终使人类走上擅理智（rationalization）和役自然（world mastery）的道路。"擅理智使人类只相信理性，为了达到经验的目标，人类从功利原则出发理性地选择最有效率的手段；役自然则使人类在行动上征服和控制自然，使自然的自在完全纳入文化自为的轨道，人类文化丢掉了对道德目标的关注和对终极价值的关怀"②。而这还不是问题的结束，恰恰是问题的开始。如果说，人们没有对道德终极价值问题的关心仅仅满足于对以"合乎逻辑"的规范为道德权威的服从是现代道德的表征的话，那么，这种理性算计背后的较为"平稳"与"有序"的道德生活假象依然遭遇了不可避免的挑战，即来自颠覆一切价值主张的后现代思潮。

后现代是与现代相对而言的，准确地说，二者并不是时间上的承接关系，更多地表现为主张上的先后关系。"作为一种理论思潮的后现代主

①马克斯·韦伯：《学术与政治》，钱永祥等译，广西师范大学出版社2004年版，第190页。
②林滨、贺希荣、罗明星等：《全球化视野中的伦理批判与道德教育的重构》，人民出版社2007年版，第24页。

义，它并不是产生于'现代之后'，而是形成于'现代之中'的'现代主义'，因此，当代思想家所说的'后现代'，主要地并不是指历史中的一个时代，而是指对待'现代主义'的一种态度"①。这种解读对我们理解和把握后现代主张更有帮助。这种态度发轫于西方，源于对西方社会持续了几个世纪的现代性追求的反思。启蒙运动的现代理性主张没有"从许多深层意义上实现它的创造'更美好生活'的诺言"②，危及人类生存的种种现代性问题的涌现却将人们抛入"一片因胜利而招致的灾难之中"③。现代社会的理性主义、普遍主义、本质主义、主客二分等现代性理念遂成为后现代批判和质疑的对象，代之以"反基础主义——反对以往哲学依靠某个'第一原理'推出一切的方式和做法，用多元性反对统一性，用不确定性和蒙糊性取代确定性；反本质主义——反对认识论中本质与现象的二元对立，反对规律、原则、范式这类概念；反中心主义——反对主流文化和人类中心主义"④。在后现代这种强烈的解构思潮中，现代性引以为荣的统一性、整体性、权威性和理性化的追求遭到了无情的嘲弄与肆意的破坏，其后果是非常明显的⑤：一是消解了道德、道德教育的终极基础和理性根据，倡导道德的情绪化、随机性、偶然性等非理性特征。道德的根基虽历经宗教、纯粹理性到科学理性的变迁，但其中对"抽象的、普遍的合理性"的推崇与强调则是一以贯之。这与认为"道德是没有原因和理由的；道德必要性，道德的意义，也是不能被描述和进行逻辑推理的"⑥"道德现象在本质上是非理性的"⑦等后现代的主张不符。二是抛弃了普遍主义的主张，推崇道德价值多元论的观点，

---

① 孙正聿：《哲学通论》，辽宁人民出版社1998年版，第420页。

② 大卫·雷·格里芬：《后现代精神》，王成兵译，中央编译出版社1998年版，第48页。

③ 马克斯·霍克海默、西奥多·阿道尔诺：《启蒙辩证法——哲学断片》，渠敬东、曹卫东译，上海人民出版社2003年版，第1页。

④ 林滨、贺希荣、罗明星等：《全球化视野中的伦理批判与道德教育的重构》，人民出版社2007年版，第29页。

⑤ 参见唐汉卫、戚万学：《现代学校道德教育的问题与思索》，山东教育出版社2008年版，第159—160页。

⑥ 齐格蒙·鲍曼：《生活在碎片之中——论后现代道德》，郁建兴等译，学林出版社2002年版，第10页。

⑦ 齐格蒙特·鲍曼：《后现代伦理学》，张成岗译，江苏人民出版社2003年版，第13页。

认为道德不是普遍必然的东西，没有固定的本质和规律可循，各种道德主张和观点都有其存在的价值和意义，没有绝对的权威，而是充满了不确定性，随着历史的发展不断变化和逐渐生成。

总之，后现代对现代理性主义的道德观、科学化的教育方式、主客二分的思维模式及道德、道德教育所具有的形而上学的终极依赖性等进行了前所未有的反思与批判、解构与消解。但同时缺乏建构：在否定客观真理的存在之后却无法在重新理解客观性的基础上为人们的生存和生活提供可以依赖的基石，充分描绘了道德现象的嬗变却无法理性揭示现象背后隐藏的实质等。因此，在颠覆和破坏了道德的权威性、普遍性和稳定性之后，也一并消解了道德、道德教育存在的价值和意义，更散发出价值观的多元主义和相对主义、道德虚无主义等悲观无助的情绪，这使道德教育面临着严峻的考验。失却权威性基础、终极价值追求的道德教育在多元价值选择面前，选择某种具有普适性的道德知识的难度就越来越大，以致它所传授的内容的公信度不高，越来越沦落为一种利益谋划的可能性却逐渐增大。这一切正如鲍曼所说："我们的时代是一个强烈地感受到了道德模糊的时代，这个时代给我们提供了以前从未享受过的选择自由，同时也把我们抛入了一种以前从未如此令人烦恼的不确定状态"①，"结果是我们注定要承受一种充满无法解决的道德困境的生活"②，重新陷入"笛卡尔式的焦虑"③。这种焦虑恰是这个时代的道德生活、道德教育的写照。

二、理论背景：道德悖论研究的发端与兴起

"道德悖论"这一概念的提出及其研究工作的开展，直接的推动力是人们对当代中国社会发展进程中出现的诸多道德问题的理性直觉。如甘绍平在《应用伦理学的特点与方法》（《哲学动态》1999 年第 12 期）一

---

① 齐格蒙特·鲍曼：《后现代伦理学》，张成岗译，江苏人民出版社 2003 年版，第 13 页。
② 乔治·瑞泽尔：《后现代社会理论》，谢立中译，华夏出版社 2003 年版，第 232 页。
③ 伯恩斯坦将寻找基础即确定无疑的事物的冲动称为"笛卡尔式的焦虑"。

文中认为："伦理学中的难题，从某种意义上讲，往往并不在于对道德的作用与地位的体认，而在于道德原则的应用，特别是当出现两难（道德悖论）之时，也就是说在同一事例上发生了不同的道德规则相互冲突的情形之时，人们应当采取何种态度，应怎样根据不同的因素与几率进行权衡。"鲁洁发表在《中国教育学刊》2001年第4期上的文章，以《道德危机：一个现代化的悖论》为题阐述了道德悖论的存在。晏辉则直接以《是道德悖论，还是价值冲突？——苏格拉底伦理问题解读》（《内蒙古大学学报》2002年第1期）为题重提了思想史上的悖论命题。虽然这些语境中的道德悖论内涵各有不同，但都是对道德问题殊途同归的直觉解答。在道德悖论研究者看来，这些道德问题可以一言以蔽之：道德失范和道德困惑。道德失范并非就是道德缺失，其间有失也有得，是由于一时不能分清是非、善恶而产生道德困惑。道德困惑给人一种奇异的循环的精神困扰，产生的社会不良反应就是对道德价值的信念和道德教育及道德建设的信心发生动摇，不利于当代中国的改革发展。

随着改革开放的不断扩展和市场经济的蓬勃发展，当代中国社会发展进程中出现了不少不和谐的问题，学界一般将此归结为市场经济"内在逐利"的本性，并由此解读社会生活各个领域出现的道德失范和道德滑坡等问题，并提出解决问题的意见。在笔者看来，其中有些"拯救意见"多为就问题谈问题，或者是就现象说现象，缺少由现象到本质的深入思考，难以给出一个有说服力的答案。"道德悖论"问题及其研究正是在这样的历史背景下提出来的。它试图以一种新的理论视角描述当代中国社会发展进程中出现的各种道德问题的"真实面貌"及其成因，为人们走出道德悖论建构的奇异的循环指出一条有益的认知路向和实践路径。

道德现象世界里善恶是同在的，人们对道德价值的追求结果并非从来都是善，一般情况下总是善恶相随，有些情况下甚至是恶。然而，自古以来我们的伦理思维主要是关注善，轻视恶，伦理学体系从本质上来说是一种说明善、劝导善的价值论体系，缺乏批判和思辨的知性和科学精神，这在我们这个民族传统的伦理思维和伦理思想中表现得尤为突出。在西方伦理思想历史上，摩尔曾就伦理学研究的内容发表过如下意见：

"我们发现许多伦理哲学家倾向于把这样的说法当作'伦理学'的确切定义：它处理这样的问题，即在人类行为上什么是善的或恶的……我把对这个问题（或者这些问题）的讨论叫作伦理学，因为这门科学无论如何必须包括它"①，卢梭在《论人类不平等的起源和基础》中，曾对人类社会文明的历史推进总是要冲击道德之善的"恶"现象，感到大惑不解："文明社会的发展只不过是一部人类的疾病史而已"②。西方思想史上的大师们的这些"认知困惑"，表明他们已经注意到道德现象世界客观存在的善恶悖论问题，但遗憾的是，他们都没有与之相面而迎，而是擦肩而过了。从这一视角看，道德悖论研究工作的开拓无疑是一个重要的理论创新。

改革开放和发展社会主义市场经济以来，我们在取得世人瞩目的辉煌成就的同时，也出现了不少从未有过的"恶"现象。面对"恶"，国人中不乏惊慌失措者和消极悲观者，他们的浮躁和颓废的情绪动摇着国人对道德生活的信念，甚至影响到下一代人的良好道德品质的养成。道德是与社会发展、与每个人的人生息息相关的精神财富和力量，而我们的伦理学研究却离社会和人生很远。20世纪80年代后期开始，我们曾有一段时间争论过"爬坡"与"滑坡"的道德问题，但不论是"爬坡论"还是"滑坡论"，都存在经不起推敲的片面性，缺乏"道德逻辑"的力量，不能使人信服。即便有的学者注意到了"伦理实体与不道德个体"之间的悖论现象③，甚至不时论及道德悖论在现实生活中如教育领域、经济领域、文化领域的种种表现，但也没有自觉地去界定和深究道德悖论的内涵、本质等重要问题。

将"道德悖论"作为道德教育悖论现象研究的理论背景，主要基于对"道德教育"逻辑的伦理学解读的考虑。一直以来，"道德教育"这个跨伦理学与教育学两学科的概念的阐释权总是掌握在教育学领域，伦理学的相关涉论也总是以"教育"的理解范型来统筹与嫁接"道德教育"，

---

① 摩尔：《伦理学原理》，长河译，商务印书馆1983年版，第8—9页。
② 卢梭：《论人类不平等的起源和基础》，李常山译，商务印书馆1962年版，第79页。
③ 樊浩：《伦理的实体与不道德的个体》，《学术月刊》2006年第5期。

这般理解思路遮掩了对道德教育特有运行规律的发现，在实践中必然难见真章。其实，道德教育是关乎道德的教育，道德的不同定位是决定道德教育范型的关键。曹世敏认为"道德教育"可以做三种理解：由于"道德教育"是"道德"与"教育"的合成词，因此，认识、把握道德教育可分别从道德和教育的维度入手。相应地，道德教育研究至少有两个直接的进路，一是从道德的取向研究道德教育，二是从教育的角度研究道德教育，前者可称为道德教育研究的道德取向，后者则可谓道德教育研究的教育取向。此外，把道德与教育结合起来进行研究，构成了道德教育研究的第三种取向，我们可称其为道德——教育取向。①这样，我们就厘清了在道德教育中，实际上存在三类道德教育概念，即道德的道德教育概念、教育的道德教育概念、道德—教育的道德教育概念。这种区分很有必要，第二类将道德视为自明的前提，侧重于对教育内在规定性的揭示，因此，道德悖论作为范式可以关照第一类和第三类道德教育概念。正如樊浩所说："道德教育理论的成熟，在学术资源方面与两大因素深度相关，一是伦理学的理论供给；二是教育学理论与伦理学理论的生态整合。其难题在于：必须找到两大学科的生态结合点。"②这种阐释更具有研究价值，也更好地突出了研究路径。

正是基于上述情况，钱广荣教授认为，提出道德悖论概念、展开对道德悖论问题的研究是很有必要的。"自古以来，中国人对道德悖论普遍存在的事实及道德进步其实是社会和人走出道德悖论的这一客观规律，缺乏理性自觉，没有形成关于道德悖论的普遍意识和认知系统，伦理思维和道德建设系统中缺乏道德悖论的概念，社会至今没有建立起分析和排解道德悖论的机制"。③概言之，开展道德悖论问题研究，不仅对于我们应对当代中国社会发展进程中存在的伦理困惑与挑战具有重要的实践价值，而且对于开创伦理学学科研究的新领域，健全和完善伦理学的科学体系，丰富和发展我们对人类道德文明发展规律、道德教育运行规律

---

① 曹世敏：《道德教育研究的逻辑取径简论》，《江苏教育学院学报》2002年第4期。

② 樊浩：《道德教育的价值始点及其资源性难题》，《教育研究》2003年第10期。

③ 钱广荣：《道德悖论的基本问题》，《哲学研究》2006年第10期。

的认识，也具有重要的理论创新意义。因此，本书拟在"道德悖论"理论研究背景下，以"悖论思维"来揭示与分析道德教育中存在的矛盾和困惑，帮助人们认识道德生成与演化的规律，为道德教育面临的困境提供一种识别与解决的思路。

第二节　问题的提出

一直以来，道德教育都是在公认的正当性、价值向善性这样的认识下来引导实践的，因此，当"有效性"成为问题的时候，我们习惯于从道德教育弱化等外部因素寻找原因，却鲜有对道德教育自身及其运行过程的合理性反思。实际上，道德教育中存在的诸多困惑、两难、矛盾淡化和消解着道德教育的应有效果。这种现象亟待给予理论的分析与指引，以加强与改进道德教育，提高道德教育的有效性。

一、道德教育的现实境遇：低效、失效、反效

不论道德教育作为哪门学科的研究对象，都无法回避一个现实问题，即道德教育的有效性。这是由道德、教育及二者所推衍出的功能、意义所决定的。道德教育不能停留于形式的多样，只有当它对人的行为产生积极的导向和规约作用、对社会的良性发展与秩序维持提供有力保障时，才能自觉呈现出自身存在的价值和意义。纵观理论研究者和教育工作者孜孜以求的身影，不难发现，这个问题已经成为理论认识与实践研究的"瓶颈"。"我们必须自觉我们所面临的'国家伦理资源的亏空'和社会道德资本的欠缺这些严峻的现状，以建设性的姿态来建构有中国特色的社会主义新文化和新道德，这是自'五四'以来一直摆在我们面前的一项未完成的文化使命"[①]。应当说，这恰如其分地说明了道德教育中亟待提升的有效性问题。当我们关注于道德教育形而下的责求而失却形而上的追问时，就掉进了"缘木求鱼"的解题窠臼里。既然道德教育的有效性

[①] 万俊人：《世纪回眸——"道德中国"的道德问题》，《天津社会科学》2001年第3期。

成为问题，那么回归问题本身，还原和澄清问题的真实面目才是研究的正确起点。这需要打破既往认识有效性的传统思维。

1.道德教育的双重意蕴

在言及道德教育有效性时，应明确和统一有效性指涉的内容。沈壮海根据思想政治教育活动的历程，将有效性论域细分为思想政治教育要素的有效性、过程的有效性、结果的有效性三个方面。[①]这种做法启迪我们反思道德教育笼统模糊的低效性评价到底何指、其症结究竟何在。因此，道德教育作何界定就成为全面理解道德教育有效性的切入点。

道德教育是道德与教育的合成概念，既有来自伦理学逻辑的解读，也有源于教育学逻辑的阐释。檀传宝认为道德教育是"教育工作者组织适合德育对象品德成长的价值环境，促进他们在道德价值的理解和道德实践能力等方面不断建构和提升的教育活动"[②]。罗国杰提出："所谓道德教育，就是为使人们践行某种道德义务，而对人们有组织有计划地施加系统的道德影响。"[③]纵观学界对"道德教育"的界说，其关键词——道德价值、道德实践、道德义务都指向了道德，正如钟启泉、黄志成所说，"何谓道德教育的问题归根结底是何谓道德的问题"[④]。道德之所是决定了道德教育的定位。这就回到了道德教育的原初问题："德是可教的吗？"这个问题内含了"什么是德"及"如何教德"两个论题，前者规定后者，后者实现前者。从"德"的内蕴来说，它包含知善与行善两个层次。显然，在"知善"层面，毫无疑问"德是可教的"，这与一般的学科教学方式并无不同，诸如可以明确地传授关于"正义""节制""勇敢""智慧"等德目的知识。但懂得"正义"等德目知识的人未必是躬行"正义"的人，因为"知善"需要借助苏格拉底对"德"所假设的"识见"来实现"行善"，而"识见"是不能靠德目的说教习得的，是借助伴有识见的行为化起来的。对此，亚里士多德认为，"公正的人由于做了公正的事，节制的人由于做了节制的事，如果不去做这些事，谁也别想成为善

① 沈壮海：《思想政治教育有效性研究》，武汉大学出版社2001年版，第20页。
② 檀传宝：《学校道德教育原理》，教育科学出版社2000年版，第6页。
③ 罗国杰主编：《马克思主义伦理学》，人民出版社1982年版，第520页。
④ 钟启泉、黄志成：《西方德育原理》，陕西人民教育出版社1998年版，第9页。

良的人"①。也就是说，"行善"方能展现和证明"知善"，而"知善"并不必然呈现"行善"，"知""行"的逻辑承转恰是需要道德教育致力研究的问题。换句话说，在"行善"层面，"德"的可教性遭遇了挑战，"由此只能作出一个结论：形成道德的方法是同一般的学科教学方式迥然不同的"②。

应当说，这种区分鲜明地揭示了道德教育的内在层次，即道德之"知识"与"德性"的双重属性决定了道德教育作为实践活动的双重意蕴。一方面，教授道德的知识，提升人们的道德认知；另一方面，培养道德的行为，涵养人们的道德操守。此种意蕴，借助杜威对"道德观念"（对象层次）与"关于道德的观念"（元层次）区分的方法可以看得更为清楚："'道德观念'，不管是各种各样的观念，见效于行为之中，并使行为有所改善，变得比另外情况下更好。……至于'关于道德的观念'，它们在道德上也许是不偏不倚的，或者是不道德的，或者是道德的。关于道德的观念，关于诚实、纯洁或善良的见解，并非理所当然地使这种观念自动变成好的品格或好的行为"③。这种见解也内在契合了对道德教育层次性的认知。道德教育分属伦理学与教育学学科，前者为道德教育提供理论规定，后者为道德教育提供实践支撑，任何拘泥于一端的做法都有碍道德教育有效性的实现。所以樊浩认为："道德教育理论的成熟，在学术资源方面与两大因素深度相关，一是伦理学的理论供给；二是教育学理论与伦理学理论的生态整合。其难题在于：必须找到两大学科的生态结合点"④。这些阐释既指明了道德教育自身的交叉性和复杂性，也为我们揭示和思考其内在逻辑层次提供了路径。受此启发，是不是也可以作"道德教育"与"关于道德的教育"的区分，如此就可以作这样的理解："道德教育"的基本诉求是要使行为有所改善、趋善向善，它意蕴着德行、德性的培育与提升；"关于道德的教育"则是一种关于诚实、纯

---

① 亚里士多德：《尼各马科伦理学》，苗力田译，中国人民大学出版社2003年版，第31页。
② 钟启泉、黄志成：《西方德育原理》，陕西人民教育出版社1998年版，第9页。
③ 杜威：《道德教育原理》，魏贤超主编，王承绪等译，浙江教育出版社2003年版，第8页。
④ 樊浩：《道德教育的价值始点及其资源性难题》，《教育研究》2003年第10期。

洁或善良的"见解",这种见解像"诸多关于埃及考古学的知识"①那样,侧重于对道德知识的介绍和传授。前者可以归属"应当"(价值)的层面,范畴是"善"和"恶",重在以教育扬"道德之善";后者可以归于"是"(事实)的层面,范畴是"真"和"假",重在以教育明"事实之真",二者有机统一于道德教育的实践中。

2."有效性"的两种指向

在道德教育的话语体系中,"有效性"是道德教育理论和实践关注的焦点。但人们对"有效性"自身则缺乏研究。何谓"有效性",它到底指称什么、可以指称什么,这些问题的区分是提升道德教育有效性的逻辑起点。沈壮海在介绍"有效性"这个概念时,曾将其与"效益"作了比较:"效益是人们对活动结果进行描述时经常使用的概念,它主要指的是与活动的目的之间具有吻合性的活动结果,重点揭示的是活动的结果所产生的正面的效用、收益。因此,如果单纯就对活动结果的考察而言,效益与有效性相近"②。这是目前人们对有效性问题理解的代表性观点。也就是说,当人们在论及"道德教育有效性"问题时,一般是在正面效果的背景共识下阐发的。这种共识的逻辑是基于这样的认识:道德教育有效,则意味着实现了预期的结果;反之,没有达到预期结果,称为没有效果。这样,没有任何价值色彩而中立的"结果"被"有效"(>"结果")、"无效"(="结果")的正面价值评价所置换,继而成为描绘道德教育结果的事实常态词汇,也成为分析道德教育现状的逻辑起点。那么,这个起点是否能够概括道德教育可能出现的所有结果呢?

借助瑞士语言学家索绪尔对语言能指和所指的区分,答案是否定的。为了更准确地进行语言表达,索绪尔在其《普通语言学教程》中提出了语言的能指和所指理论。作为词的语言符号包含概念和音响形象,"但是在日常使用上,这个术语一般只指音响形象,例如指词(arbor等等)。人们容易忘记,arbor之所以被称为符号,只是因为它带有'树'的概念,

---

① 杜威:《道德教育原理》,魏贤超主编,王承绪等译,浙江教育出版社2003年版,第8页。
② 沈壮海:《思想政治教育有效性研究》,武汉大学出版社2001年版,第17页。

结果让感觉部分的观念包含了整体的观念。"①因此，为了区分语言所指涉的内容以便消除歧义，索绪尔建议"保留用符号这个词表示整体，用所指和能指分别代替概念和音响形象。后两个术语的好处是既能表明它们彼此间的对立，又能表明它们和它们所从属的整体间的对立"②。此种逻辑关系，可以表述为"能指标识词语的边际效用，所指标识词语的具体效应"③。由此来看，道德教育的"有效性"一直是在"能指"的层面上表达"有效性问题"，涵盖和包容了道德教育所面临的一切问题，导致我们总是在独断论的层面上作出"道德教育的低效性已经成为一个不争的事实"④类似的结论，却缺乏清晰的理性说明。这种做法显然忽视了作为"所指"存在的有效性的具体效应，我们需要重识"有效性"的指涉问题。

首先，道德教育内含着"是"与"应当"的区分，即前文所说的"真""假"与"善""恶"的分野。与"真""假"相对应的"是"是一种客观存在，其成立与否并不依赖于受教育主体的信念和态度。对于受教育者来说，它更多地表现为一种知识，而"会不会""懂不懂"则是其提出的明确要求。因此，"是"的教育有效一般指的就是正面效果。与"善""恶"相对应的"应当"则是一种价值存在，是人彰显自身类主体意识的一种尝试和证明，是理性对人自身存在意义的一种假设和设想。在这个谋划的过程中，人创造和构建了自身的价值王国，丰富和完善了自身的价值形象，完成了对自身有限性的超越。因此，这种源于假设的"应当"在很大程度上就依赖于受教育主体的信念和态度。当受教育者对"应当"持"相信"的积极态度时，"应当"就成为人努力的方向和目标，其教育就表现为正效果；当受教育者对"应当"持"怀疑"乃至"不相信"的消极态度时，"应当"就成为人规避和反对的一种存在，其教育就表现为负效果和反效果，这与其向善性的价值诉求背道而驰。因此，那

---

① 费尔迪南·德·索绪尔：《普通语言学教程》，高名凯译，商务印书馆1999年版，第102页。
② 费尔迪南·德·索绪尔：《普通语言学教程》，高名凯译，商务印书馆1999年版，第102页。
③ 侯惠勤：《马克思的意识形态批判与当代中国》，中国社会科学出版社2010年版，第63页。
④ 参见卢艳红：《规范约束与意义引领的有效整合——当下学校德育的理性选择》，《中小学教师培训》2007年第10期。

种通识性正面价值理解的"有效性"，专指"事实性"知识教育而不是"向善性"价值教育的起点与结果，但它是"向善性"价值教育所要追求的目标。也就是说，作为"事实性"知识教育的道德教育存在"有效性"，却不存在"有效性问题"，"有效性问题"应是特指"向善性"价值教育的道德教育，这是道德教育"有效性"的特殊所指，也是进行道德教育研究所应该有的认识。

其次，道德教育作为一种实践活动，其有效性就实质而言，是"体现于特定价值关系中的价值属性问题。价值关系，表现为客体在满足主体需要的过程中所构成的主客体之间的关系……价值的确立有赖于客体所具有的特定属性，同时又有赖于客体与主体之间特定主客体关系的构成，换言之，价值产生于客体所具有的特定属性与相应的主客体关系的统一之中……作为一种价值属性的体现，有效性所指的是特定实践活动及其结果所具有的相应特性，且这种特性又是实践活动及其结果在与相应价值主体构成的价值关系即对相应主体需要的满足关系中所表现出来的。"[1]这个界说比较客观地描绘了有效性的构成，即主体、客体及主体见之于客体的实践活动，它们是考察道德教育有效性的核心要素。其中，主客体的客观存在及其能动作用的发挥不仅是衡量有效性不可或缺的因素，更在一定程度上决定了道德教育的特殊性。也就是说，在道德教育实践活动中，主体与客体之间的互动关系并非总是表现为良性的。因此，以正面价值作为起点，将道德教育的结果描绘成独立于主客体的主观因素之外而表现为一种事实陈述的知识性教育，没有彰显出主客体在道德教育中的应有地位，从而遮掩了其价值教育的特性，也就难以全面揭示出道德教育有效性的境遇。

3.道德教育有效性的三重境遇

按照索绪尔的划分，我们完全可以保留"有效性"这个符号，在其"能指"领域，有效性表达的是整体的观念，在其"所指"领域，有效性表达的是具体观念。对于道德教育来说，其双重意蕴的区分决定了以"有效性问题"面貌出现的有效性，指涉的是"所指"概念。进一步说，

---

① 沈壮海：《思想政治教育有效性研究》，武汉大学出版社2001年版，第15页。

道德教育有效性是针对其"应该"层面的价值教育结果再发问及评价。那么，问题就演变为保留有效性的符号后，作为价值教育属性的道德教育结果究竟如何。换句话说，价值层面的道德教育其有效性"能指"为何。

准确理解这个问题，首先要清楚"有效性"的内涵。在此问题上，一方面形成了通识的看法，可以借鉴；另一方面也存在着某种混乱，需要梳理。马克思说："人们自己创造自己的历史，但是他们并不是随心所欲地创造，并不是在他们自己选定的条件下创造，而是在直接碰到的、既定的、从过去承继下来的条件下创造。"[①]这个原则对于"有效性"的理解同样适用。从通识来说，"单纯就对活动结果的考察而言，效益与有效性相近"[②]，即有效性指的是正面的效用、收益，即有效结果。这种理解不仅便于直观研究，也能够通行于对"是"与"应该"状况的同一描绘。但按照沈壮海的"效果说"，有效结果不等于效果，"一般而言，效果指活动的具体结果及其实际效应。它更多的是事实判断的产物，告诉人们事物发展的实际结局，至于这一结局是好是坏，是积极还是消极，它并没有限定。因此，效果既可指正效果，也可指负效果、零效果；既可指积极效果，也可指负面效果"[③]。如此一来，效果就变成了价值中立的词汇，这和通识有悖，结果就是淡化了"效果"与"结果"的区别，在描绘道德教育有效性问题时容易造成层次混乱，引发歧义。因此，既然有效性指的是"有效结果"，那么，完全可以以"结果及对结果的描绘"作为道德教育现实境遇的逻辑出发点来认识道德教育有效性的价值境遇。

从这个逻辑出发，以"有效结果"所指的正面效应作为参照标准，与此相反的则是"无效（失效）"，而与此相对立的应该是"反效"。如此，"有效性""无效性""反效性"就构成了道德教育有效性的能指观念，这种分析更能概括道德教育有效性问题可能会遭遇的所有结果。其

---

①《马克思恩格斯选集》第1卷，人民出版社1995年版，第585页。
②沈壮海：《思想政治教育有效性研究》，武汉大学出版社2001年版，第18页。
③沈壮海：《思想政治教育有效性研究》，武汉大学出版社2001年版，第139页。

中，"有效性"境遇中的问题症候表现为"缺效性"，即道德教育的结果满足人们需要的程度不高，也就是通常所论及的道德教育低效性的问题。或许是缘于对求善向善的感性偏好，或许是源于对理性初设的盲目信任，人们在进行道德教育有效性研究的时候，更倾向于将"低效性"作为"有效性"的对立面，普遍以"低效性"作为道德、道德教育研究的逻辑出发点。这种倾向预设了道德教育的纯善立场，结果就是"我们仅仅停留在肯定的东西上面，这就是说，如果我们死抱住纯善——即在它根源上就是善的，那么，这是理智的空虚规定……正好把它推上成为难题"①，从而遮掩了对道德教育中客观存在的无效性及反效性现象的认识，造成道德教育有效性研究出现某种缘木求鱼的误区。因此有必要澄清的是，"低效性"是在"有效性"的外延之中，而并非与之相对或相反。这样来看，不难发现，很多研究的逻辑起点更多地建立在一种世俗经验的基础上，却没有对之进行总结、提升和超越。"无效性"，也就是"失效性"，失去效力、效用，即道德教育的结果不能满足人们的需要。因为"需要"总是表现为主体对结果的一种或肯定或否定的评价，因此，主体的这种不评价、不作为，所谓的"对牛弹琴"一般来说发生的概率要小一些。如果说，这种境遇还不至于令人忧虑的话，那么，"反效性"就应该引起我们足够的重视与反思。顾名思义，"反效性"，即道德教育的结果不仅不能满足人们的需要，更是与预定的目标背道而驰，也就是说，道德教育不仅没能育出优良的品性，反而培养了不良的品性出来，即产生了道德教育悖论现象。这是道德教育中一直以来普遍存在而又不易被察觉的一种现象，然而人们自觉地意识到这种现象并给予相对系统与持续性理论探究却很有限，尤其在道德教育显性"导善"功能的公认下，其存在很难被识别。但这种境遇的存在不仅会消解道德教育的有效性，也会瓦解我们提升有效性的努力，动摇人们对道德教育的信心、影响道德教育存在的价值。

道德教育的这三种境遇可以用数学符号来形象地展现：有效性>0，无效性$=0$，反效性<0。这意味着，当我们探讨道德教育有效性问题时，

---

① 黑格尔:《法哲学原理》,范扬、张正泰译,商务印书馆1961年版,第145页。

首先要弄清楚道德教育的真实境遇，是有效性不高，还是无效，乃至反效。其次要分清楚道德教育的双重意蕴，给予"道德之善"与"事实之真"在有效性问题上的准确定位和正确认识，从有效性的构成要素中去反思"道德之善"的引导出现低效、无效与反效的原因是提升道德教育有效性的关键环节。我们只有对"缺效性""失效性""反效性"这些可能的道德教育境遇有充分的了解和把握，才能使"反效"转变为"正效""无效"转变为"有效"，进而提升道德教育的整体效果。

二、道德教育有效性问题的探讨路径及研究进展

"纵观伦理学的发展史，特别是近代以来的伦理学史，道德教育的途径主要有两条：一条是理性主义路线，一条是情感主义路线。理性主义路线强调道德的认知，以培养一种道德的理性，达到提升道德水平的目的，苏格拉底的'美德即知识'就是典型代表。而情感主义则从主体的心理感受出发，强调道德情感在道德行为发生中的基础性作用，把培养受教育者的道德情感作为道德教育的出发点和归宿点，即必须'动之以情'"。①这个带有总结性的结论是在追因道德教育的困境所在。如果这个总结成立的话，那么，这两条路线此消彼长的论争整体上能够反映道德教育探讨的路径。

人类道德历经了禁忌——风俗习惯——规范的演变历程。其中，禁忌是道德最初出现的形式，它以明确的"否定"语义约束与规约着人们的言行举止，从而调节着人与人乃至人与社会之间的利益冲突。而"禁忌"之所以有效，并非理性觉醒的一种表现，更深层的是对隐藏其后的可能危险与惩罚的惧怕，而这更多地表现为一种"情感"、一种"信仰"，直至"风俗习惯"这种道德形式的形成。信仰以"信"和"仰"为特色，具有更多的情、意成分，富含丰富的人格动力色彩，因此能够有效约束人们行为。这种最初道德禁忌的信仰，在人猿揖别的时代，是人类作为万物之灵的最初证明，也是刚从自然界中解放出来的人类送给自己的

---

① 陆沉：《论道德情感》，《西南民族大学学报》(人文社科版)2004年第4期。

"豪礼"，虽然以后的人类文化发展史证明，在这份礼物面前循规蹈矩的人们恰恰折射出了人类的理性还处于蒙昧阶段。这也是后来人们推崇启蒙运动的原因所在，它将理性之光张扬到了极限，一切都要合乎理性法则，偏爱制度设计和规范制定，强调整齐划一。但是，抽取了"终极价值"、失去了"信仰"这个动力源的道德教育，"把道德知识灌输等同于道德教育本身，虽然可以解决'怎么做'和'为什么这么做'的问题，但不能解决'我要做'的问题。……片面地把受教育者看作是被动地接受道德的'美德袋'，从而使道德成为一种简单的形式，严重窒息了道德的生命力"①。"面对身处困境者，人们在情感上往往表现得极端麻木和冷漠，仿佛他们是另一个世界中的异类，其不幸亦难激起道德上的同情感和良心上的震颤感。"②于是，曾经引以为荣的理性演变为众矢之的，人们试图通过厚此薄彼的做法来填补情感在道德教育中的缺失。但这样的做法是失之偏颇的，日本学者小原国芳曾经指出："关于道德的看法，教育家偏于事，宗教家偏于理，都不是道德的真面貌。问题是要事与理两者俱备，善于摄取事实和理想的真义，从而达到道德的实质"。③这对分析中国道德教育的现状也颇有启示。

在穷尽探索、逼近道德实质的过程中，人们也逐渐发现，只有借助理性反思才能摆脱理性自设的困境。虽然从道德教育不同的角度展开了反思与批判、探讨与求证、谋划与展望，但殊途同归，对有效性的思考最终汇成了由形而下到形而上的追问历程，在力图勾勒出道德教育困境的样貌的同时也在极力勾画出"脱境"的蓝图。

1. 对道德教育"有效性"的反思

时代变迁，不变的是对道德教育有效性的苛求。对此，我们也总结了经验与教训，对20世纪五六十年代泛政治化与无我化的道德教育进行了清算，对改革开放、市场经济所要求的规范化与尊重主体的道德教育

---

① 张松德:《激发道德情感与投身道德实践辩证统一——道德教育途径的新探索》,《道德与文明》,2008年第4期。

② 肖士英:《道德冷漠感与制度性道德关怀》,《陕西师范大学学报》(哲学社会科学版)2000年第3期。

③ 小原国芳:《小原国芳教育论著选》上,刘剑乔等译,人民教育出版社1993年版,第100页。

进行了建构，但这些探讨都满足不了我们对有效性的孜孜以求。在不断被问责的逼迫下，人们不禁回过头来反思一个前提性的命题：道德教育自身真的是无限可能的吗？

针对道德教育承载的重任——"社会出现'道德滑坡'，新经济时代的社会道德体系需要重建时，很多人习惯性地把道德教育当'救火车'"①。以喻学林的博士论文《学校道德教育的有限性研究》为代表，学界开启了对道德教育"重任"的反思，集中探讨了道德教育的有限性问题。在综述了中外关于道德教育有限性问题认识的基础上，喻学林分析了影响和制约道德教育有效性发挥的主客观因素，诸如道德教育内容、道德教育方法以及教育者自身的素质等，其中也提到了客观存在的道德教育"负效应"现象对其有效性的弱化。相对"有限性"这种委婉提法，张康之则在《对道德教育有效性的怀疑》一文中，直接对"有效性"进行了质疑：道德不是在教育中获得的……教育只对于科学知识的传承才有意义②。道德教育的结构性缺陷在于道德理想与现实之间存在极大反差，社会成员的道德获得途径是他们的生活方式和他们的社会生活赖以展开的制度。对于一个国家的社会治理来说，任何时候都不应当把治理秩序的获得寄托在道德教育之上，而是应当着力于制度建设。与其说张先生是在怀疑道德教育的有效性，不如更为准确地说，他这是在复活一个古老问题：美德是不是可教？显然，他将知识教育意义中的"教"等同于道德教育之"教"。这是对道德教育望文生义的一种理解，失之偏颇却也针砭时弊，直指当前道德教育中存在的问题。这个问题也为一些学者所感知，如"道德教育的现实困境在于，把本属于教育的内在组成部分的道德教育分离出来，成为一门独立的学科和科学，并遵循知识学习的规律来加以认识，从而背离了道德教育作为一种实践活动的完整性"③。如果说，上述论断是对道德教育有效性的保守反思，那么吴康宁先生的《教育社会学》则系统探讨了教育的负向功能，直接向具有全局

---

① 喻学林：《学校道德教育的有限性研究》，华中师范大学博士学位论文，2007年。
② 张康之：《对道德教育有效性的怀疑》，《学术界》2003年第5期。
③ 齐学红：《道德教育的文化人类学视野》，《首届中国教育人类学"学术研讨会"论文集》2017年。

视野的教育发难：借助于社会学功能学派的负向功能论，从学校本身存在的反教育现象入手，该理论认为学校不可避免地存在一些不适于教育的、反教育的现象，这些现象的存在使道德教育产生负向的教育功能，它使学校的道德教育最终效果被削弱。[①]美国学者丹尼尔·科顿姆在他的《教育为何是无用的》更为激进地阐述了其观点："……教育无用，因为它让我们的心变得麻木。……教育无用，因为它让我们的个性变得沉闷。……教育无用，因为它让我们沦为奴仆。……教育无用，因为它让我们变得叛逆。……教育无用，因为它让我们成为骗子……"[②]如果断章取义地理解这些内蕴着对道德教育的声讨，似乎我们会不知所措。但其实作者只是想借此表明这样一个立场："不管对正规学校教育的特定所指如何限定，教育都集中了我们产生绝望的所有敏感因素，并且反过来在我们人性的极限中体现我们易于绝望的特性。教育无用这一主题的深刻的道理就是教育无法终止产生绝望的可能性，而绝望总是随时准备否定我们认为已经为自己、为社会或是整个人类找到的任何价值。"[③]面对这种批判与质疑，或许我们会产生作者对教育极端绝望的错觉，但其实，他并非否认教育的价值和意义，而是以一种极端的态度与语气来确认人们寄予厚望的教育其效果的有限性，而这才是我们理解教育、开展教育的真理性前提和基础，唯有如此，我们的教育实践才更为积极、更有希望。

在对道德教育有效性的责问与应对责问的反思中，关于道德教育有效性的认识逐渐由形而下的知觉肯定上升到形而上的理性反思，人们开始直面道德教育的核心范畴——"道德"所应该具有的逻辑。

2. 对道德根基理论的反思

道德哲学家弗兰克纳曾说："道德的产生是有助于个人的好的生活，而不是对个人进行不必要的干预。道德是为了人而产生，但不能说人是

[①] 参见吴康宁：《教育社会学》，人民教育出版社1998年版，第367—386页。

[②] 参见丹尼尔·科顿姆：《教育为何是无用的》，仇蓓玲、卫鑫译，江苏人民出版社2005年版，第5—15页。

[③] 参见丹尼尔·科顿姆：《教育为何是无用的》，仇蓓玲、卫鑫译，江苏人民出版社2005年版，第17页。

为了体现道德而生存。"①简洁的论断却直指一个深刻的问题：道德存在的价值是什么？以及直接由此引发的实践问题：道德教育的目的是什么？

在文本逻辑中，这不是一个真问题，因为早有定论：对社会来说，是维护社会秩序的一种调控手段；对个体来说，是约束人们行为举止的一种规范。但当文本定论应对不了生活逻辑的挑战时，就说明它亟待调整甚至是革新。这本身也符合人类道德文明发展进步的历史规律：既不是道德文本纪录和叙述的思想史，也不是社会生活中实际存在过的世俗经验史，而是二者之间的整合中螺旋上升的演进轨迹。②因此，现实生活中道德及道德教育在市场经济的蓬勃发展下所面临的困境，就成为重新思考上述问题的动力所在。

这样的逻辑思路最初出现在经济学家茅于轼的《中国人的道德前景》中。这本书中，他从经济现实出发来思考道德问题，"当时正是中国经济全面从计划经济向市场经济推进的时候。在这个渗透到社会方方面面的深刻的变化中，中国人的道德观也经历着重新定向的迷茫。过去所提倡的共产主义道德观显然和市场经济相冲突。一个要无私奉献，一个要追求利润。究竟何者正确，理由何在，迫切需要回答"③。或许，这段话恰好指出了经济体制转轨中所引发的人们的道德困惑。这本书一版再版与茅先生的观点具有符合时代发展潮流的意蕴不无关系，此书还获得了1999年安东尼·费雪的国际纪念提名奖。那么，茅先生在此书中提出怎样的观点以至于受到人们的如此关注呢？那就是对建立在给予"利益均衡点"尊重基础上的新道德观应以提倡的理性分析：用大家都同意的简单逻辑来分析"'先人后己'和'毫不利己，专门利人'一类的要求包含着逻辑上的矛盾，不可能成为真正得以实施的处理人际关系的原则。当然这绝不是说，先人后己的精神不值得称赞，或者这种行为不高尚。

---

① 威廉·K.弗兰克纳：《善的求索：道德哲学导论》，黄伟合等译，辽宁人民出版社1987年版，第247页。

② 参见钱广荣：《道德悖论研究需要拓展三个认知路向》，《安徽师范大学学报》(人文社会科学版)2007年第5期。

③ 茅于轼：《中国人的道德前景》，暨南大学出版社2008年版，第1页。

而是说，这种原则不能成为社会成员中利益关系的普遍基础"①。"过去人们以为普及为别人做好事就可以改进社会风气，实在是极大的误解，因为这样培养出来的专门捡别人便宜的人，将数十倍于为别人做好事的人"②。因此，唯有"自利"以及对别人"自利"的尊重才能够达成利益的均衡点。用经济学的术语来说，"道德的核心是人与人之间利益的等价关系或者平等关系"③。

此种观点确实对传统道德的价值核心进行了颠覆，具有鲜明的市场经济时代的特点，同时也有别于以往的道德说教，展现了精细的逻辑推理，反映了浓厚的理性色彩。不仅赢得了广大读者的关注，更影响到了道德理论、道德教育研究者们的关注。

扈中平、刘朝晖在《对道德的核心和道德教育的重新思考》一文中指出，道德教育之所以难以走出困境，最根本的问题不存在于道德教育的目标、内容和方法中，而在于对道德内涵认识的错位。④我国道德价值取向和道德教育的一个重大失误，就是一直不愿意承认合理利己的合理性。"利他""奉献"和"自我牺牲"作为道德的核心已经不适应现代社会的"公平"诉求。因此，道德教育应该确立两点认识：一是道德教育的重要目的应是引导和规范人们通过利他而合理利己；二是道德教育必须更多地贴近"大众道德"。显然，其中有茅于轼先生思想的痕迹。在《对我国道德教育虚伪性的批判》一文中，扈中平先生用"虚伪"这样过激的表达再次重申了：利他和自我牺牲作为道德的实质，是一种价值误导，在某种意义上是在与人的强大的、不可改变的本性对抗，也是在与改革实践的现实对抗，是造成我国道德教育工作长期苦苦挣扎而走不出困境的根本性原因之一。⑤如果在这个问题的认识上不能有所突破，道德教育将永远不能走出困境。而问题在于，引进与承认"合理利己"，道德

① 茅于轼：《中国人的道德前景》，暨南大学出版社2003年版，第7页。
② 茅于轼：《中国人的道德前景》，暨南大学出版社2003年版，第5页。
③ 茅于轼：《中国人的道德前景》，暨南大学出版社2003年版，第275页。
④ 扈中平、刘朝晖：《对道德的核心和道德教育的重新思考》，《华东师范大学学报》2001年第2期。
⑤ 扈中平：《对我国道德教育虚伪性的批判》，搜狐教育，http://learning.sohu.com/20050214/n224293348.shtml。

教育就能走出困境吗？道德于现实与理想、事实与价值为一体，其中，后者才是道德的特质所在，因此，那种凸显人之现实本性的做法焉知不是走入另一个道德教育困境？

在此，笔者无意去纠缠、辩证谁借鉴谁，只想说明，从经济生活中存在的道德现象提炼出的对道德核心、道德根基的反思，已经形成了道德教育困境对策研究的潮流。曹刚在《道德困境中的规范性难题》一文中，依据道德困境产生的原因把它分为三种类型：相关事实不清而导致的事实性难题、道德规范缺失和冲突而导致的规范性难题、道德范畴和道德推理的有效性难以确证而导致的元伦理难题。其中规范性难题包括：规范缺失性难题、规范冲突性难题、角色冲突难题，而归根到底这些难题的产生还是缘于第三类元伦理难题的存在，也就是说，需要对"道德"范畴及其现有的合理性重新考证。①这也与李彬博士所同感，他在其博士论文《走出道德困境》中这样描绘道德困境："道德困境不是走投无路的生活情景和个人感受，而是对在社会变动节奏加快、文化交流频繁、公共生活和个人生活空间扩大、个人价值取向多元化等条件下，社会道德价值系统面临调整、个人道德理想和信念急需重建的情形的概括；其主要原因在于道德的虚化和伪化。所谓'道德的虚化'，是指道德作为一种价值规范和导向体系形同虚设，即道德丧失了其本身应该发挥的功能。所谓'道德的伪化'，是指道德行为、道德评价和道德教育的主体对道德的形式化、工具化和手段化处理。道德的虚化和伪化并不否定社会现行道德或者社会所倡导的道德内涵价值的真实性和可追求性。前者更多地指这种价值被悬置、不被看重；后者似乎与前者相反，道德看起来非常受重视，并且不断得到强调和加强建设，但是由于其宣传、建设和教育的主体的'虚晃一枪'或者来自自身对道德价值的实际破坏而使道德处于受到怀疑和鄙视的尴尬地位。"②唐之享先生在《中小学德育的困境与突围》一文中明确提出德育突围的核心问题是"道德决定德育，要研究

---

① 曹刚：《道德困境中的规范性难题》，《道德与文明》2008年第4期。
② 李彬：《走出道德困境——社会转型下的道德建设研究》，湖南师范大学博士学位论文，2006年。

现代德育，首先要研究现代道德"①。陆有铨先生在《"道德"是道德教育有效性的依据》中提出"道德教育的目标应该是'道德'，教育者对于'道德'特征的认识和把握，潜在地决定了学校道德教育特殊的性质以及活动的效果"②。纵使理性分析的路径各有侧重，却在解题的思路上异曲同工：重新树立道德的批判精神，直指既有道德的合理性。

不论是对道德教育有效性的质疑还是对道德根基的反思，在很大程度上都是一种"破"，虽然破中有立，但"立"才是重心，"破"是为了更好地"立"。于是，在继续推深道德哲学研究成果的基础上，研究者将关注的目光投向现实生活中道德教育的道德性问题。在这种理论纵深的研究推进中，我们逐渐揭示道德教育演绎的真实轨迹。

3. 道德教育的道德性反思

当我们借助道德哲学研究的成果来审视道德教育时，就出现了诸如道德教育方法、道德教育目标、道德教育内容中的道德性问题。从逻辑上说，道德教育的道德性应该优先于道德教育的有效性，后者应在前者的视野内，换句话说，讨论道德教育有效性的前提是道德教育有着自洽的道德性。但一直以来，对"有效性"的迷恋遮掩了对道德教育自身道德性问题的反思和认识。而在批判、反思、质疑为特征的后现代主义思潮风起云涌的推动下，这一切便被快速瓦解了。理论界掀起了从"道德"去界说和评判道德教育的道德性、合法性、悖论性等解构自身的探讨热潮。

对道德教育道德性的基础进行反思的有：张夫伟在《道德相对主义视野中的道德教育与选择》一文中认为，面对道德相对主义的盛行，道德教育不能放弃价值引导的操守和使命，那种主张价值中立的道德教育不再具有道德的关怀与向度，实质上是非道德了。③唐汉卫在其博士论文《生活：道德教育的基础》中，通过对道德教育目标、内容、方式和评价的科学化倾向以及道德教育本质和目标的理想化倾向这两种有违道德教

---

① 唐之享：《中小学德育的困境与突围》，《当代教育论坛》2008年第3期。
② 陆有铨：《"道德"是道德教育有效性的依据》，《中国德育》2008年第10期。
③ 张夫伟：《道德相对主义视野中的道德教育与选择》，《道德教育研究》2007年第3期。

育真义的批驳过程中，阐发了其道德教育主张："对道德教育的基础或本性进行哲学层面的反思是考察和解决诸多道德教育困惑的根本途径。……道德教育的真实基础应植根于生活之中，即生活在最贴切、最生动和最真实的意义上表达了道德教育的本性和特质。道德教育只能在生活中且通过生活来履行自己的使命，任何对这一基础的偏离都是对道德教育之根本特性的误读并将给道德教育带来严重的后果"①。黄恒忠、蒋红斌在《从科学与道德的互蕴关系看学校道德教育》一文中，从道德教育主体的消失、道德教育内容的抽象、道德教育方式的整齐划一等方面批驳了道德教育的科学化倾向，认为当前的道德教育在很大程度上受到科学主义的误导，完全偏离了道德教育的本真面貌。②类似关于道德教育道德性的基础的探讨还有王啸与鲁洁的《德育理论：走向科学化和人性化的整合》（《中国教育学刊》1999 年第 3 期）、鲁洁的《人对人的理解——道德教育的基础》（《教育研究》2000 年第 7 期）、粟高燕的《"以人为本"的道德教育》（《教育探索》2003 年第 3 期）、娄立志与张夫伟的《工具理性僭越的代价——工具化的道德教育》（《教育理论与实践》2007 年第 12 期），都凸显了道德教育中道德主体应有的立场，力求扭转道德教育科学化的倾向。樊浩的《道德教育的价值始点及其资源性难题》（《教育研究》2003 年第 3 期）、胡解旺的《公正：道德教育的逻辑范式》（《华中师范大学学报》2007 年第 9 期），同样在为道德教育的价值始点定基调。杨玉宝等的《道德教育的道德性审视》（《深圳教育学院学报》2000 年第 2 期）、张忠华的《论道德教育的道德属性》（《教育导刊》2007 年第 4 期）、姚灶华的《"道德教育"在乎"教育道德"》（《浙江教育科学》2007 年第 5 期）等，从不同角度为道德教育的"道德性"的准确定位提供了理论资源。

对道德教育方式方法的道德性进行反思的有：高德胜在《析道德教育中的僭越现象》（《当代教育科学》2007 年第 7 期）一文中，从不准女

①　唐汉卫：《生活：道德教育的基础》，山东师范大学博士学位论文，2003 年。
②　黄恒忠、蒋红斌：《从科学与道德的互蕴关系看学校道德教育》，《武汉理工大学学报》（社会科学版）2008 年第 3 期。

生留长发这样的行为规范中"窥探"出了违背道德教育价值追求的僭越现象，从而导致道德教育的不道德。刘晶波的《"老拐子"的故事：一份关于恐吓教育法的研究报告》（《学前教育研究》1999年第5期）、戴锐的《榜样教育的有效性与科学化》（《教育研究》2002年第8期）、白明亮与姚敏的《幽暗意识与榜样教育——一种道德教育的反思》（《南京师范大学学报》2004年第2期）、薛文平的《道德教育中教育道德的悖逆》（《天津教育》2004年第3期）、李会松与葛春的《道德教育榜样观的反思与重构》（《教育科学研究》2006年第1期）等集中探讨了道德教育的方法自身也有道德善恶之分，也需要进行"道德"的考量，"道德"的目的同样也需要"道德"的方法来护航才能彰显善之价值。但在方法总则的构建上，我们显然还处在始点，亟待深入研究。

对道德教育内容与目的的道德性进行反思的有：孙彩平的《道德阈限与道德教育的禁忌》（《南京师范大学学报》2002年第6期）、《从道德的维度反思道德教育——多元社会背景下研究道德教育的新思路》（《华东师范大学学报》2004年第4期）以及《多元价值对道德教育正当性的挑战与要求》（《教育科学研究》2007年第4期）、王啸的《道德的虚无与人类的尊严——兼论道德教育的目的》（《山东师范大学学报》1999年第6期）、金生鈜的《人是道德教育教化的终极目的——康德道德教育思想的当代价值》（《湖南师范大学教育科学学报》2003年第6期）、朱飞的《道德教育目的的道德性考量》（《学校党建与思想教育》2007年第7期）、叶飞的《关注幸福：道德教育的新目的论视角》（《湖南师范大学教育科学学报》2008年第1期）、刘丙元的《自觉为人——道德教育的人性本体目的》（《辽宁师范大学学报》2008年第1期）等，这些充满睿智的见解与批判精神的思想，从本体论的角度对道德教育何去何从进行了发难，是理论界对现代性与后现代性双重逼迫下的一种积极反应。虽然这仅仅预示着一种开始，未来的构建之路还很漫长，但这些宝贵的思想理论资源整体上对道德教育善恶并存的真实面貌作了简单的勾画，为我们指出了努力的方向和奋斗的目标。

三、道德教育有效性问题的反思视角：从道德悖论视角分析道德教育悖论现象

通过对以上道德教育有效性探究路径的简单梳理，我们不难发现，"反思""质疑""批判""解构"为代表的关键词是当前道德教育研究思路的总体特征。这种"清算"式的道德教育研究，为我们揭示出了以往道德教育中存在的种种道德问题。但如果仅仅停留于对这些问题的思考，那么仍然没有触及道德教育的核心问题。其实，在对道德教育有效性的探究追问到"道德教育的道德性"时，它就是"道德教育自身的悖论问题"，即理论界基于对道德教育有效性的思考而展开对道德教育的基础、内容、方法、目的等各个层面的道德性的考察，客观上证明了道德教育自身存在着背反性："善"的道德教育却出现了"恶"的可能或事实。遗憾的是，他们普遍是在审视以确保道德教育"善性"的意义上来认识这个问题，却没有关注与思考"恶"及其是在什么意义上存在的。实质上，善、恶同时出现在道德教育中，这种悖论式的存在才是道德教育的真实面目。但发现问题不能代表解决问题，如果我们一味沉浸在这种"挑刺"的快乐中，那么就有不自觉地滑向了后现代窠臼的危险——进入了价值相对主义的道德状态。"我们的时代是一个强烈地感受到了道德模糊的时代，这个时代给我们提供了以前从未享受过的选择自由，同时也把我们抛入了一种以前从未如此令人烦恼的不确定状态"①，"结果是我们注定要承受一种充满无法解决的道德困境的生活"②。因此，在这些不确定的状态之中找寻一种确定：较为科学地概括"道德"的真实样貌、揭示道德教育演绎的真实轨迹、还原道德教育有效性问题的全貌，这才是我们力求实现的目标。

笔者认为，道德悖论这一崭新的研究领域的开辟为我们找寻这种"确定"提供了启发与借鉴。道德悖论研究认为，"人类道德文明发展进步的历史轨迹，既不是道德文本记录和叙述的思想史，也不是社会生活

---

① 齐格蒙特·鲍曼：《后现代伦理学》，张成岗译，江苏人民出版社2003年版，第13页。
② 乔治·瑞泽尔：《后现代社会理论》，谢立中译，华夏出版社2003年版，第232页。

中实际存在过的世俗经验史，而是如同恩格斯所说的文本思想与世俗经验交互作用产生的'平行四边形'的对角线。……文本思想在其'世俗'化的过程中一方面部分地实现了它的价值诉求，提升了世俗经验的文化品质，另一方面又部分地丢失了它的价值诉求，被世俗经验所改造。用逻辑悖论的方法分析和说明的话，这一历史轨迹就是人类不断以弘扬善并遮掩恶的方式走出善恶并存的道德悖论现象世界的过程。"①这个对道德文明发展进步的历史轨迹的论断，既不是来自形而上的抽象假设，也不是源自生活经验的归纳总结，而是经由理论和实践所验证的鲜明概括，具有"理论发现"的价值，为我们提升道德教育的有效性打开全新的视角。因此，笔者以"道德悖论"为研究范式，对道德教育中的困惑与问题进行全方位的考察与研究。

道德教育中诸多困惑、两难、矛盾的悖论性状淡化和消解着道德教育的应有效果。这一认识国外学者也有论述，如 R.S. 彼得斯认为，"现代的道德教育一直在试图'通过压制理性的做法培养有理性的人'，这一佯谬，使标榜自由、平等与理性的现代道德教育陷入其自身无法超越的伦理困境。"②詹姆斯·麦克莱伦认为，"道德教育或者是无效的，或者是不道德的，二者必居其一。"③柯尔伯格对"灌输既不是一种教授道德的方法，也不是一种道德的教学方法"④的反思等。就像麦克莱伦所说的，"道德教育佯谬提出的挑战，很显然，是任何道德教育理论都不能忽视的"⑤。这些研究显然更多的是在教育理论领域所作的道德悖论知觉似的思考，缺少道德哲学意义上的悖论追问，对道德教育的启迪有限。

国内明确关涉"道德教育悖论"研究的有鲁洁的《道德危机：一个现代化的悖论》（《中国教育学刊》2001年第4期）、朱平的《学校道德

---

① 参见钱广荣：《道德悖论研究需要拓展三个认知路向》，《安徽师范大学学报》(人文社会科学版)2007年第5期。

② 孙彩平：《社会伦理转型与当代中国德育改革》，《东北师大学报》(哲学社会科学版)2007年第1期。

③ 詹姆斯·麦克莱伦：《教育哲学》，宋少云、陈平译，生活·读书·新知三联书店1988年版，第316—317页。

④ Power C, Kohlberg L., "Using a Hidden Curriculum for Moral Education", Education Digest, 1987.

⑤ 詹姆斯·麦克莱伦：《教育哲学》，宋少云、陈平译，生活·读书·新知三联书店1988年版，第317页。

教育中的悖论问题》（《道德与文明》2008 年第 6 期）、唐汉卫的《略论道德教育中的悖论》（《教育科学》2002 年第 2 期）、张烨与赵纯琪的《工具与价值：学校道德教育的悖论》（《江西教育科研》2003 年第 10 期）、马亮的《道德教育悖论的合理性意蕴》（《广西大学学报》2005 年第 5 期）、梅汝莉的《现代德育中的悖论》（《中小学管理》2007 年第 1 期）等。这类研究有的是借用悖论二字表达道德教育面临的困境、矛盾，有的描绘了道德教育中存在的悖论现象，但普遍停留在提出问题阶段，没有形成系统的研究，更缺少"道德悖论范式"的思考，因此其理论意义与研究价值彰显有限。此外，主要以"反思"的形式涉足道德教育悖论的研究，如对"孔融让梨"类道德教育典故的争议、对道德教育最为典型的教育方式——榜样的质疑等却没有给予人们的道德教育实践以释疑的指引，这表明学者对此类家喻户晓的道德教育"背理"现象缺少悖论式思维的认识。

　　因此，目前对道德教育中的悖论问题研究还处在初始阶段，还存在以下不足。第一，缺少"道德悖论范式"的思考，对"道德教育悖论"的研究零碎、不系统，缺乏逻辑力量，难以彰显道德教育悖论研究的理论意义与实践意义；第二，关于"悖论"的认识和概念使用并不统一，由此导致"道德教育悖论"的基本内涵缺少哲学层面的概括与精练，只能在一般矛盾的意义上使用，影响道德教育悖论的系统与深入研究；第三，仅仅停留在提出问题阶段，不能对道德教育悖论作出哲学解读及提出相对排解悖论的方法或途径。正是以上不足，导致道德教育悖论的研究缺少力度和关注，难以为道德教育有效性的提升提供实践帮助。

第三节　研究目的与方法

一、研究目的

　　较为系统地梳理影响道德教育有效性发挥的悖论现象，并在此基础上揭示其生成原因，从而提升道德教育的有效性是本书研究的目的。

　　沈壮海先生曾说："对对象性活动结果效用性的关注、对对象性活动结果效用性赖以确立的种种条件和手段的关注、对对象性活动与其结果效用性的确立之间的因果关系即对对象性活动有效性产生和实现的规律的关注，构成了人类有效性意识发展、演化的基本历程。"①笔者很赞同这种历程的确认，它基本呈现了道德教育这项实践活动的所有流程，也规定了我们对道德教育实践活动有效性问题关注的基本方面。每一个步骤和环节关注的目标都指向道德教育有效性的产生和实现规律的揭示和总结。这也意味着，每一步认识的准确与否都将直接影响到最终目标的实现与否。

　　通过前文对道德教育三种现实境遇的揭示，我们不难发现，对于"对对象性活动结果效用性的关注"的认识和理解尚有需要深化的空间。一方面，作为道德教育有效性问题推演的逻辑前提，这种现实存在显然制约着"对象性活动结果效用性赖以确立的种种条件和手段"以及"对象性活动与其结果效用性的确立之间的因果关系"的认识；另一方面，"当我们从相对静态的活动效果追溯到活动的动态过程时，如果试图像评价活动结果的合目的性那样去审视人的活动过程与其目的的关系，那么依据同样的逻辑，与活动结果的有效部分即效果相对应的应该是活动过程的有效作用即效用。"②这说明道德教育的过程同样存在"有效性"问题，也就同样存在影响有效性发挥的、尚需要认识的主客观因素。杜威曾经指出："教育的过程，在它自身以外没有目的；它就是自己的目的。"③"我们探索教育目的时，并不是要到教育过程以外去寻找一个目的，使教育服从这个目的"④，"我们假定教育的目的在于使个人能继续他们的教育，或者说，学习的目的和报酬是继续不断生长的能力"⑤。这是杜威"教育即生长"的教育主张的充分写照。杜威关于教育无外在目的、就在教育过程之中的思想，对我们思考道德教育有效性问题不失启

---

① 沈壮海：《思想政治教育有效性研究》，武汉大学出版社 2001 年版，第 19 页。
② 郭湛：《人活动的效率》，人民出版社 1990 年版，第 35 页。
③ 杜威：《民主主义与教育》，王承绪译，人民教育出版社 1990 年版，第 54 页。
④ 杜威：《民主主义与教育》，王承绪译，人民教育出版社 1990 年版，第 106 页。
⑤ 杜威：《民主主义与教育》，王承绪译，人民教育出版社 1990 年版，第 106 页。

发。如果教育目的内在于教育过程之中成立的话，那么是不是可以作这样的推论：道德教育目的与道德教育过程应该是内在契合的。也就是说，合乎道德性的道德教育目的并没有取得凌驾于道德教育过程之上的权利和资格；恰恰相反，道德教育的目的不能自显，它需要借助于道德教育过程来呈现。也可以这样说，道德教育的过程直接影响道德教育目的的实现，影响到道德教育的结果。因此，道德教育的过程同样需要接受是否合乎道德的质询，对道德教育过程的考察也就成为一种必要。

如此，对"道德教育过程"的理解就成为破题的基础。然而，理论界对此问题的看法不尽相同，代表性的有转化理论和内化理论。前者认为，"德育即是将一定社会或阶级的思想观点、政治准则、道德规范转化为个体思想品德的教育活动"[1]。后者主张，德育是"教育者按照一定社会的要求，通过特定的教育活动，把特定社会的思想和道德规范内化为受教育者的思想意识和道德品质的过程"[2]。虽然转化论与内化论表达不同，但实质上强调的同样是由教育者对受教育者施加影响的过程，缺少对受教育者自身因素的考虑。正如檀传宝先生所说："对德育对象考虑不足的德育既不合乎现代教育所必具的民主精神，更不符合德育自身的规律，不会产生真正的德育功效，有时甚至是非德育或者是反德育的……所以德育范畴应当而且急需反映这一对德育过程认识的成果"[3]。道德教育过程对道德教育效果的实现有着举足轻重的作用，所以对道德教育过程要素的分析与把握就必不可少。上述转化说与内化说与其说是对"道德教育过程"的描绘，不如说是借"道德教育过程"来反映道德教育这个概念。因此，更为准确地说，转化论与内化论是从不同的角度来界说"道德教育"，但这一点并不能全面反映"道德教育过程"。笔者认为，从"从单个德育任务开始到完成的历程"[4]这个狭义的角度界定道德教育过程更为合适。道德教育过程是相对静态的道德教育结果而言的，它强调的是动态中的"历程"，这一历程具体包括道德教育内容、道德教育方

---

① 胡守棻:《德育原理》，北京师范大学出版社1989年版，第20页。
② 孙喜亭:《教育原理》，北京师范大学出版社1993年版，第290页。
③ 檀传宝:《学校道德教育原理》，教育科学出版社2000年版，第6页。
④ 檀传宝:《学校道德教育原理》，教育科学出版社2000年版，第79页。

法、道德教育目的等直接或间接影响道德教育有效性发挥的主客观因素。因此，梳理与分析这些因素中影响有效性发挥的悖论现象，并在此基础上揭示与阐释道德教育悖论现象的成因，概括与总结道德教育悖论现象生成的规律，深化对于道德及道德教育问题的认识，提升道德教育的有效性，就成为研究的题中之义。

二、研究的方法

"方法"一词，英语为"method"，来源于希腊文的"metodos"，原意为沿着一定的路径（前进），也就是以一定方式或程序开展活动，从而达到目的的意思。①方法之重要，"庖丁解牛"之典故可见一斑。由此可见，只有掌握了事物运转的机理，路径选择才能事半功倍。黑格尔曾在《小逻辑》的序言中说："……根据一个新的方法去给予哲学以一种新的处理，这方法，我希望，将会公认为唯一的真正的与内容相一致的方法。"②这种认识对我们选择道德教育悖论现象研究的方法不无启发。方法不在别处，恰应到内容之中去寻找。

根据"道德教育中的悖论现象"所关涉的"道德""道德教育""悖论""现象"等所指向的内容，本书主要采用以下几种研究方法。

1. 历史唯物主义的方法

马克思和恩格斯在《德意志意识形态》中指出："思想、观念、意识的生产最初是直接与人们的物质活动，与人们的物质交往，与现实生活的语言交织在一起的。人们的想象、思维、精神交往在这里还是人们物质行动的直接产物。表现在某一民族的政治、法律、道德、宗教、形而上学等的语言中的精神生产也是这样。"③即是说，道德作为一种意识形态或精神生产，其产生和内容都取决于人们的物质活动和物质交往。在归根到底的意义上，道德是人类生产生活和生产关系的产物，同时道德

---

① 檀传宝：《学校道德教育原理》，教育科学出版社2000年版，第145页。
② 黑格尔：《小逻辑》，贺麟译，商务印书馆1980年版，第1页。
③《马克思恩格斯文集》第1卷，人民出版社2009年版，第524页。

对人类的生产生活和生产关系具有能动的反作用。因此，考察和研究道德的演变应当始终立于道德与生产关系之间的互动，即坚持历史唯物主义的方法。

恩格斯曾进一步说："人们自觉或不自觉地、归根到底总是从他们阶级地位所依据的实际关系中——从他们进行生产和交换的经济关系中，获得自己的伦理观念。"①中国改革的起点和轴心是"生产和交换的经济关系"，改革过程中萌动和生长着的新"伦理观念"一直在冲撞和冲击民族传统道德和革命传统道德，与此同时作为资本主义道德文明核心的个人主义也被支离破碎地被"放"（"引"）了进来②，由此造成以"道德失范"和"道德困惑"为表征的普遍的社会道德矛盾并波及道德教育领域，困惑着人们的道德教育实践。对这种悖论性存在的道德教育矛盾性状的揭示与分析，也必须运用历史唯物主义的方法。

2. 逻辑悖论的方法

著名学者张建军认为，严格意义上的逻辑悖论应具备三个构成要素：即公认正确的背景知识、经过严密无误的逻辑推导、可以建立矛盾等价式③。道德悖论现象概念的提出，正是借用了这种方法，即凡被称为道德悖论现象的矛盾应具备这三个条件。也就说，道德矛盾现象并不一定就是道德悖论现象，道德悖论现象是一种"合乎逻辑的行为错误"——因为选择对了，所以也就选择错了，反之亦是。这种客观存在的自相矛盾性和实践性，正是道德悖论现象的本质特性。

逻辑悖论作为一种特殊的思维方法，对于道德悖论研究的意义不仅在于发现了道德悖论现象的客观存在，也启发我们进一步去追寻道德悖论现象发生的原因，继而寻求相对排解悖论的方法。逻辑悖论研究的新近成果表明，悖论的消解往往需要改变原有理论的基本信念或基本概念，因为矛盾的结论不可接受，而推理的过程又合乎逻辑，矛盾的消解唯有指向前提性的"公认正确的背景知识"并进行背景知识的创新，才能解

① 《马克思恩格斯选集》第2卷，人民出版社1995年版，第434页。
② 钱广荣：《感受历史唯物主义方法论原理的逻辑力量》，《伦理学研究》2009年第1期。
③ 张建军：《逻辑悖论研究引论》，南京大学出版社2002年版，第8页。

决问题。这就不可避免地会触及对既有的道德原则或规范之合理性的审思，涉及在悖论消解的范式下如何建立真正合理、和谐的道德世界等重大问题。

值得注意的是，逻辑悖论在这里只是我们的研究方法，而不是研究内容。在人文社会科学领域，不同学科之间借用方法的现象是经常发生的，这不仅有助于原生学科的丰富和拓展，也有助于新生学科的生成和发展。但是，方法自身有形式与功能之分，方法的借用不是方法本身的移植，而是借用方法的功能。也就说，道德悖论与逻辑悖论不是部分和整体的关系，道德悖论只是借用逻辑悖论方法的功能，并未移植逻辑悖论方法本身。

3. 逻辑和历史相统一的方法

恩格斯说："历史从哪里开始，思想进程也应当从哪里开始"。①研究道德教育悖论现象，同样需要我们采用历史与逻辑相统一的方法。要把对道德及道德教育历史过程的考察与对道德及道德教育内部逻辑的分析有机地结合起来，逻辑的分析应以历史的考察为基础，历史的考察应以逻辑的分析为依据，以达到全面客观揭示道德教育悖论现象的目的。

对道德教育悖论现象的把握是建基在思想史的既有成果之上，只有对其成果作相对充分、系统的把握，才能梳理和揭示其存在的问题。一方面，立足于对中国道德国情基本情况的考察，以中华民族道德教育的传统为基础，在历史的长河中全面分析、概括中国道德教育的内容和方式，揭示其中的道德教育悖论现象；另一方面，在道德及道德教育历史梳理的过程中，要通过合理的逻辑推导出道德教育悖论现象的成因、类型、消解等关键性结论。注重分析道德教育内在的逻辑性，总结出影响道德教育有效性发挥的具有规律性的认识。在以历史唯物主义为方法论指导进行道德教育解悖路径的逻辑建构时，注重对道德教育尤其是中国传统道德教育理论的历史方面的系统考察。

4. 比较研究的方法

道德作为一种社会意识，在阶级社会里总是反映着一定阶级的利益，

①《马克思恩格斯选集》第2卷，人民出版社1995年版，第43页。

因而不可避免地具有阶级性。同时，不同阶级由于生活在同一社会经济结构中，处于同一历史发展阶段，有共同的历史文化背景，也必然存在一些共同利益，由此不同阶级之间的道德也或多或少具有人类的普遍性。因此，在进行道德教育及其悖论现象研究时，不仅要考察当代社会及传统社会的道德教育理论与实践，揭示其中的悖论现象，还要同域外的道德教育进行比较研究，包括西方道德教育理论与实践中存在的悖论现象以汲取他们在此问题研究上有益成果。

一方面，虽然中西道德教育有着不同的理论出发点和实践立足点，但从逻辑上看都是人类道德教育实践智慧的结晶，在比较和共享的前提下能够彼此综汇、取长补短，有利于更好地完善道德教育的理论建设。另一方面，马克思主义是开放的、现实的、革命的理论。因此，以其为指导的社会主义道德教育理论与实践，同样应具有这样的理论品格，以开放的胸襟和兼容并蓄的姿态对全人类共同的精神财富进行实事求是的、合乎道德国情的借鉴与吸收、比较与甄别，以最新的理论成果来丰富与补充我们的道德教育理论研究。

因此，本书试图通过"历史纵向归纳法""当代横向归纳法""多现象综合归纳法"把握古今中外道德教育悖论现象的基本性状，反思当前道德教育悖论现象出现的原因，探讨道德教育悖论现象消解的基本理路，提升道德教育的有效性。

5. 理论联系实际的方法

道德悖论不同于逻辑悖论，是一种实践悖论，"悖论现象"的发现与认知首先来源对实践活动的考察。因此，理论联系实际是本书研究的方法之一。一方面揭示理论与实际之间内在的联系，证明理论的科学性和正确性，加深对理论问题的认识和理解；另一方面运用科学的理论分析和解决实际问题，提升对科学理论的掌握和运用。道德教育是人类的一种实践活动，其理论不论是关于真理观还是关于价值论的，都来自人们认识和改造道德现象世界的实践活动。人们学习和掌握道德教育理论目的是揭示社会和人的发展与道德文明之间的内在的逻辑关系，通过加强道德教育促进人们自觉地改造自身、促进社会和人的发展进步。这就是道德教育运用理论联系实际方法的真谛所在。

运用理论联系实际的方法，往往需要"举例说明"，尤其对道德教育悖论现象的研究，需要深入到具体的道德教育悖论现象的个案之中，否则难以把握其现象的成因及本质。但我们不可能对所有的道德教育悖论现象都一一"举例说明"，只能选择有代表性的悖论现象进行考察，揭示其存在的共同规律，而且不能把理论联系实际的方法仅仅当作举例说明的方法，因为所举例子与实际理论之间不一定是必然关系，所以不能混淆两者关系，这点是需要特别注意的。

第二章 道德教育悖论现象及形态

道德教育悖论现象隐匿于道德教育的各个环节之中,直接或间接地影响着道德教育的有效性。对这些隐藏于道德教育理论与实践中的悖论现象的揭示与描绘,有助于全面、客观地反映道德教育历时与现时的状态,促进对道德教育的科学认识。

第一节 道德教育悖论现象

当"有效性"问题成为道德教育的难题,对道德教育中的困惑与矛盾等具有悖论性状、影响有效性发挥的现象进行质疑与审视就成为一种理论与实践的需要。其中,理论反思的动力来源于实践的需要,因此对道德教育实践的考察就成为研究的动力和起点。

在考察道德教育现象之前,有必要对道德教育的"边界"进行一番说明,即道德教育主要关涉的范围和领域。在这个层面上,理论界一直以来就有"大德育"和"小德育"之分的讨论。前者即广义的德育,描绘也不尽相同,如"教育学上的德育,则是相对于智育和美育来划分的,它的范围很广,包括培养学生的思想品质、政治品质和道德品质"[①],此外,还有更为宽泛的包括法制教育、心理教育、性教育、青春期教育等在内的德育界定。后者即狭义的德育,专指伦理学体系中的道德教育,在中国伦理学的教科书中,狭义的德育一般指品德教育,如"德育是教

---

① 王道俊、王汉澜主编:《教育学》,人民教育出版社1989年版,第330页。

育工作者组织适合德育对象品德成长的价值环境，促进他们在道德价值的理解和道德实践能力等方面不断建构和提升的教育活动"①的认识也印证了这一结论。如果说广义和狭义之分在理论上很清楚了，那么狭义的德育即道德教育应如何在实践中操作呢？追问下来，教育者们普遍困惑的是"什么是道德的""如何让受教育者成为'道德的'"等。显然，对这些问题的回答在教育实践中和广义德育所包括的内容无法割裂开来。因此，理论上的区分面对实践总显苍白。应该说，关于道德教育的狭义和广义的区分到目前为止还未能有效指引道德教育实践，广大教育工作者更多的是在广义德育的视野中来贯彻道德教育，但这种做法显然存在漠视"道德"在道德教育中应有位置的倾向，这种现实存在的情况不利于教育工作者们的实践。也就是说，理论和实践之间还存在脱节现象，理论研究者和教育工作者之间未能形成有效合力。针对这种客观现实，"道德教育中的悖论现象"中所指的道德教育何谓，就成为不得不回答的一个问题。

本书对道德教育采取的是"道德——道德教育"的理解路径，对道德教育"边界"的理解是从伦理学视野中的"道德"来把握的。"道德一词，在中国是由'道'与'德'两个词演变而来。'道'，最初的含义是道路，如《诗经·小雅》中所说：'周道如砥，其直如矢'。以后，引申为自然之'道'——外在于人的自然规律或自然力量以及人应当遵循的社会之'道'——社会行动准则和规范。前者如老子说的'道生一，一生二，二生三，三生万物'中的'道'，后者如孔子说的'志于道，据于德'中的'道'。"②"德"，最初为"悳"，指人内心的情感，后被广泛用作"得"，即"得"社会之道于心之"德"。故《礼记·乐记》中说："礼乐皆得，谓之有德。德者，得也。"后来朱熹在《四书章句集注》中注释孔子所说的"据于德"的"德"时，也曾指出："德者，得也，得其道于心，而不失之谓也"。概言之，"'德'的基本含义是得'道'，即对'道'发生认知和体验之后的'心得'，或曰'得道'之后的个人品质状

① 檀传宝：《学校道德教育原理》，教育科学出版社2000年版，第6页。
② 钱广荣：《中国伦理学引论》，安徽人民出版社2009年版，第3页。

态。从这种构词逻辑看，作为个人道德品质的'道德'实则为'德（得）道'①，即个人得社会之道而成个人之性。具体来说，就是指人们将自己所应当遵循的社会准则内化为人的个性品质，并通过自觉的行为将之应用于社会。这种"道德"演绎的过程用社会学术语表示就是个体的社会化，用心理学的术语表示就是内化。

因此，本书对道德教育采取的是广义式的理解或是狭义理解指导下的实践操作模式。如此，广义和狭义、理论和实践之间就有了质的统一。

一、道德教育悖论现象的内涵

道德广泛渗透的存在方式决定了道德教育更多的是以隐性的方式存在于日常生活中，这加深了我们对道德教育悖论现象认识的难度。因此，不妨借助具有代表性的具体案例来阐释道德教育悖论现象的一般内涵。

案例1."子贡拒金"与"子路受牛"

> 鲁国之法，鲁人为人臣妾於诸侯，有能赎之者，取其金於府。子贡赎鲁人於诸侯，来而让，不取其金。孔子曰："赐失之矣。自今以往，鲁人不赎人矣。"取其金，则无损於行；不取其金，则不复赎人矣。子路拯溺者，其人拜之以牛，子路受之。孔子曰："鲁人必拯溺者矣。"孔子见之以细，观化远也。②

子贡与子路的道德善行是类似的，但面对嘉奖两人却有截然不同的行为反应。孔子对此的评价却显得与其一贯的德性主张迥然不同。这里的不同，是孔子的自相矛盾，还是我们对孔子道德思想的误读，原因暂且不论。"子贡拒金"式的反应是我们今天道德教育的典型程式——施恩不图回报，但"高尚"的行为模式换回的却是"不复赎人"的后果，相反，"子路受牛"貌似"庸俗"的行为却赢得了"鲁人必拯溺者"的道德

---

① 钱广荣:《中国伦理学引论》,安徽人民出版社2009年版,第4页。
②《吕氏春秋·览·察微》

效应。或许，这是孔子的一家之言，但《吕氏春秋》却以"见之以细，观化远也"的评价给予了肯定与赞扬。这"一拒一受"的道德行为反差至今仍困惑着我们的道德教育实践："子贡拒金"与"子路受牛"两种相反的行为模式折射出了不同的道德价值取向，看似为我们提供了有益的对比和借鉴，指引了道德教育的方向，但在现实生活中它仍然遭遇到了挑战与质疑。

> 小时候，有一天妈妈拿来几个苹果，大小不同，我非常想要那个又红又大的苹果。不料弟弟抢先说出了我想说的话。妈妈听了，瞪了他一眼，责备他说："好孩子要学会把好东西让给别人，不能总想着自己。"于是，我灵机一动，改口说："妈妈，我想要那个最小的，把最大的留给弟弟吧。"妈妈听了非常高兴，把那个又红又大的苹果奖励给了我。从此，我学会了说谎。①

这个发生在日常生活中的道德教育案例，因为颇为常见乃至很少引起人们的注意和思考，可是其中的"美德"不仅没有得到拓展的效果，而且还产生了"从此，我学会了说谎"这种与道德教育初衷背道而驰的结果，它直接挑战了"子路受牛"式的道德教育经验的合理性。那么，"受"与"拒"的合理性到底如何把握？这中间的尺度如何体现在道德教育中？在对受教育者价值引导的过程中，面对符合教育期望的行为选择，要不要给予受教育者某种奖励？又如何确保奖励之价值的实现？"受"与"拒"在承载道德教育价值传递的过程中，同时又内在构成道德教育的内容，对它们的合理性进行肢解的过程必然要涉及对道德教育内容、目的的考察。

所以，当我们感叹见义勇为者越来越少、道德冷漠者越来越多的时候，或许与我们一贯的"子贡拒金"式的道德教育主张有着某种内在的联系。可是"子路受牛"的道德合理性又如何应对上述"分苹果"的难题？"子贡拒金"与"子路受牛"，哪种行为模式在现实的道德生活中更

---

① 赵德明：《分苹果的故事》，《基础教育》2004年第10期。

具有推广和提倡的价值呢？两者之间有没有中间道路呢？

案例2.别让孩子从作文开始"第一次撒谎"

"为什么作文中的母亲都是一个模式？别让孩子从作文开始'第一次撒谎'。"国家总督学顾问、教育家陶西平如此抨击中小学作文教学中的弊端。

陶西平在武汉为教育界500余名代表作主题报告时说，某高校一名外教让学生完成一篇英语作文，结果学生交的作业让他感到非常吃惊。"所有学生都非常轻松地完成了作业。"陶西平说，"因为他们从小学起就开始写这个内容，写起来毫不费劲。"但外籍教师的阅卷结果出乎意料，他质疑学生："你们的母亲难道都是一样的吗？难道她们从来没有不负责过？母亲从来就没有自私过吗？"①

类似的情况在1998年高考作文中亦有反映。

一年一度的高考早已结束了，但因高考作文试题引出的话题还在继续。原因是一些考生编造"父母双亡""残疾"等"苦难"来说明自己是如何"坚韧"如何"战胜脆弱"（据抽样调查，竟然有40%的作文都出现在"父母双亡"的"考验"下"战胜脆弱"的假话）。于是，许多人便对作文中的虚假现象议论纷纷并表示担忧。②

20世纪50年代出生的刘亚洲，在其文章中写道：

我们这代人从开始写作文就说谎。

我也说过谎。我们都写过那样的作文，比如"我捡到一分钱送给警察叔叔，警察叔叔问你叫什么名字，我说我叫红领巾"；我们都写

① 黄征：《国家总督学顾问抨击作文教学 别让孩子从作文开始"第一次撒谎"》，《长江日报》2009年11月3日第10版。

② 林晚：《从高考作文中的虚伪现象说起》，腾讯新闻，http://view.news.qq.com/a/20090925/000019.htm。

过"我扶着一个老人过马路，我看看太阳，太阳更加鲜艳了"；"打扫完教室后，我擦着汗笑了，我看到我的红领巾更加鲜艳了。"①

这样的"作文"，今天我们仍能看到。显然，仅仅停留在议论层面的担忧，并没有使现实发生质的变化。正如媒体所言，"外籍教师对中国学生千人一面的'善良母亲'的质疑，无疑给了中国教育一记响亮的耳光。也难怪，他不明白为什么中国母亲都那么善良而完美，负责而无私，是因为他从小没有受过中国式教育"②。对此，陶西平认为，现代社会中充满各种各样的矛盾，而教育是一个驾驭、引导的过程，学校应该在各种活动包括日常教学中引导学生明辨是非，培养正确的价值观。"教育活动中一定要重视价值观教育，否则社会将承担没有进行这种教育的后果。"③同时就小学语文教材承担"价值教育"进行质疑与批评的还有一些来自教育第一线的教师们，杭州的语文教师郭初阳、绍兴稽山中学教师蔡朝阳、桐乡凤鸣高级中学老师吕栋，仔细梳理了全国包括浙江广泛使用的人教版、北师大版、苏教版的小学语文教材，挑出了教材中的很多"刺"。"一是内容不符合历史与常识，如人教版的《爱迪生救妈妈》（虽然很感人，却在任何爱迪生的传记里都难以找到事实的根据，而且从医学上考究，当年也不可能做那么一个阑尾炎手术）、苏教版《云雀的心愿》（"云雀妈妈擦去头上的汗水……"，鸟类没有汗腺，哪来汗水？）、《乌鸦反哺》（乌鸦无家庭，无从反哺。以美德绑架孩子又一例。）；二是缺少童心，扼杀儿童天性，如苏教版的《蘑菇该奖给谁》（兔子妈妈把蘑菇奖给了和骏马赛跑的小白兔，而把和乌龟赛跑的小黑兔冷落在一边）、北师大版的《儿子们》（老爷爷无视唱歌跳舞的两个儿子，眼里只有正在劳动的儿子……）；三是思想不符合现代观念，如人教版的《妈妈的账单》；四是随意改编戕害经典，如苏教版《少年王冕》、北师大版的《不

① 刘亚洲：《中国人最缺少的一味药》，《四川党的建设》（城市版）2016年第5期。
② 黄征：《国家总督学顾问抨击作文教学 别让孩子从作文开始"第一次撒谎"》，《长江日报》2009年11月3日第10版。
③ 黄征：《国家总督学顾问抨击作文教学 别让孩子从作文开始"第一次撒谎"》，《长江日报》2009年11月3日第10版。

愿长大的小姑娘》等，至于无作者名字、无出处、无发表时间的'三无'文章，更比比皆是。"①这些"刺"刺痛了学者和家长们的神经，引发了人们的高度关注和深入思考。学者熊丙奇言辞激烈地说："虚假的内容充斥在教材之中，其危害不难想象，不但扭曲学生的人格，更让不诚信、说谎蔓延——对于虚假、杜撰的教材，学生无疑会在内心中说：'老师叫我们不说谎，讲真话，可是他就在说谎，连书也说谎！'"。②

暂且不说这些"刺"挑得是否合理，但这些质疑的声音却说明：在价值观引导和教育方面，语文教育出了问题。一般来说，道德教育在实践中更多的是以隐性课程诸如语文教育、实践活动、环境创设等在发挥作用。因此，当我们费尽心机却又感叹道德教育效果不理想的时候，有没有想过作为道德载体的文化选择上可能存在问题？

案例3.道德是一种必要的恶？

　　刚上一年级的时候，有次放学去接他（孩子），刚好数学考过试，班上有位同学考得较差，其家长当着孩子的面询问老师："我们家雷禹是不是很差啊？"老师随便应声"有点吧"。我孩子在旁边立马接过话说："其实雷禹很聪明的，有次一个问题别人都没想出来，他是最先想出来的。"这说起来可能只是些微不足道的小事，但在我内心却常常泛起并慨叹，人性的本善在未被世俗掩蔽时，真是一件很美好的东西，它不仅是关切对象外在的生存需要而且深入到对象的精神层面。但很无奈和遗憾的是，随着孩子年岁日长，这些天生的善或可谓纯粹的道德意识就慢慢地在规范（或许也是抑恶？）的过程中慢慢就淡化了……从另一个角度说，也无不与成人社会及学校的教育有关。有很多善的举动或谓道德行为，原本就是自发的或本能的，如果我们都相信义务道德主义的人性前提的存在（事实现象证明其确实也是存在的只不过可能个体间有一定差异），那么在道德教育的过程中就不应该更没必要去对所谓的好人好事进行记载或特别的表彰，这样做的

---

① 兰杨萍、吴重生：《爱迪生到底有没有救过妈妈》，《钱江晚报》2009年9月23日A14版。
② 熊丙奇：《师德的底线是坚守教育常识》，《晶报》2009年9月24日A05版。

好处在于让义务的道德行为成为习惯及人之常态，而非道德的行为因
其与环境和人们的心理体验格格不入，不仅激起他人的强烈不悦情绪
而且非道德主体也会感觉不适应不自在而难于持续非道德行为。①

这里探讨的是道德教育在善之引导的过程中如何扮演了"恶"的诱
因，展现了二律背反的悖性性状，其背后折射的是对道德存在功能的价
值考量，关涉到道德之存在是"善"还是"恶"的定位。如王海明认为，
道德和美德是一种必要的恶。②宋圭武针对此见解认为，道德有抽象道德
与具体道德之分，抽象道德应是一种善，而具体道德有可能表现为一种
恶。③类似见解在西方文化中同样有所反映："只有当强制能够行之有效
而且为人们所畏惧时，多数人才会遵守有关这些方面的文明禁律。对于
同样适应于每个人的通称为文明的道德要求的那些东西也是这样。"④
"我们称之为文明的东西要对我们的不幸负主要责任，如果我们放弃文
明，退回到原始状态，我们会更幸福。我称这种观点令人惊异，是因为
我们无论以什么方式给文明的概念下定义，伴随着我们寻求避免来自痛
苦根源的威胁的一切事物都是文明的一部分，这是不争的事实"。⑤受此
思想影响，法兰克福学派著名哲学家马尔库塞也认为，一切社会文明都
是同爱欲本能相对立，并通过压抑本能欲望而发展起来的，乃至可以说，
"人类文明史，也就是人类爱欲受压抑的历史"⑥。

案例4."父子相隐"

---

① 冯青来：《道德的二律背反及当前道德实践的两难抉择》，http://www.philosophyol.com/pol/?action-viewnews-itemid-2173.

② 王海明：《道德的起源和目的——从个人道德需要看》，《华侨大学学报》（哲学社会科学版）2004年第3期。

③ 宋圭武：《质疑"道德是一种必要的恶"》，http://guancha.gmw.cn/content/2008-02/18/content_735733.htm。

④ 西格蒙德·佛洛伊德：《论文明》，徐洋、何桂全、张敦福译，国际文化出版公司2000年版，第86页。

⑤ 西格蒙德·佛洛伊德：《论文明》，徐洋、何桂全、张敦福译，国际文化出版公司2000年版，第86页。

⑥ 参见马尔库塞：《爱欲与文明——对弗洛伊德思想的哲学探讨》，黄勇、薛民译，上海译文出版社2005年版，译者序第6页。

叶公语孔子曰："吾党有直躬者,其父攘羊,而子证之。"孔子曰："吾党之直者异于是,父为子隐,子为父隐。直在其中矣。"①

面对"父攘羊"的事实,"子"是"证"还是"隐",何种行为选择才是"直"者,这个难题至今未解。而这样的情形在西方文化中也同样存在。在柏拉图的《游叙弗伦篇》中,苏格拉底对将要起诉父亲的游叙弗伦进行了非难。非难的情境却引发了理论界的两种解读:一种认为苏格拉底赞同"子告父罪";一种持相反意见,认为苏格拉底与孔子的"父子相隐"不谋而合。在此,笔者并不想就何者为苏格拉底的真义展开阐释,想要说明的是,这个横跨中西、超越时代的道德难题在今天的道德教育中依然存在。

如发生在美国的一个真实的事例:

1976年6月,美国匹兹堡39岁的石棉工人罗伯特·麦克福尔患了败血病,唯有他的堂哥大卫·雪姆合适做骨髓移植手术,挽救他的生命。但是雪姆不愿意,担心骨髓移植手术会损害自己的健康甚至生命。麦克福尔无奈,以见死不救为由将雪姆告上法庭,但法庭不支持,理由是:"我们的社会是建立在个人的尊严和权利之上的。……即使个人的权利看上去是一个不讲情理的决定,也必须维持它。"当年8月10日,麦克福尔病逝。雪姆因此良心受到谴责,对人说:"……对于罗伯特的死我感到恐惧……"②

俗语有言,"救人一命,胜造七级浮屠",说的是救人性命这件事是功德无量的。但大卫·雪姆面对自己亲人的"临死求救",却"见死不救",其"见死不救"的不道德行为却获得了法律的支持。道德与法律之

---

① 《论语·子路》
② 汤姆·彼彻姆:《哲学的伦理学——道德哲学引论》,雷克勤、郭夏娟、李兰芬等译,中国社会科学出版社1990年版,第495—497页。

间缘何是相悖的？其相协调如何体现？

在我国，类似的事情亦有上演：

> 2001年6月26日，辽宁省本溪市某小学金某同学在上学的路上拾得一只塑料袋，袋内装有两个身份证，一张2.3万元美金的存单和一张1000元的人民币存折，其中5000元美金已经到期，凭袋中一个身份证即可提取。金某在母亲张某的带领下，将拾物如数交到派出所，孩子希望能够从失主那里获得一面表扬她的锦旗。后来，失主安某来领取失物时民警转告了孩子的愿望，并希望她能够给孩子一点回报。安某说："锦旗我是不会送的，钱我也一分不会给，拾金不昧是中华民族的传统美德，她应该无偿地还给我，如果不还就是犯法，我可以去告她和她的母亲。"按照我国《民法通则》的相关规定，安某关于"如果不还就是犯法"的说法是有依据的。①

拾金不昧、乐于助人是我们中华民族优良的道德传统，也是我们一直倡导的传统美德，但履行了道德义务的人有无相应的道德权利？如何看待享用了别人讲道德的成果，却拿法律来拒绝自己的道德义务的行为？这种只强调道德义务、不讲道德权利的道德教育、法制教育能否取得预期效果？

在这两个案例中，有学者认为，"人们公认的道德观念和价值标准被彻底'颠覆'了：大卫·雪姆见死不救的不道德选择胜了官司，安英淑的自我辩解'不近人情'却有法可依，真的令人'大惑不解'！"②这两个案例动摇了人们对道德的信念和法制的信心，不仅会影响道德建设和法治建设的预期效果，而且不利于道德建设和法治建设。

综上所述，道德教育悖论现象，指的是在道德教育活动中，主体面临特定的利益关系需要作出行为抉择时所处的不知所措的境遇，以及作

---

① 钱广荣：《道德要求的实现需要公平机制——由小学生拾金不昧后"得不到一面锦旗"谈起》，《道德与文明》2002年第1期。

② 钱广荣：《不道德选择的合法性之悖论问题——析论法律保护与道德提倡的相悖现象》，《安徽师范大学学报》（人文社会科学版）2008年第3期。

出抉择后必然会出现善果与恶果同时存在的自相矛盾的结果的悖论现象。

二、道德教育悖论现象的形态

通过以上对各种道德教育悖论现象的梳理，不难发现，道德教育悖论现象以其普遍性和广泛性存在于古今中外的显性与隐性的道德教育情境中。这些现象不尽相同，但都有着内在质的统一性，即都表现为某种悖性状态，需要条分缕析、逐一归类，进行基本形态的甄别，方能为识别芜杂的道德教育现象提供某种指引。形态，是指事物的形状或表现，如意识形态或观念形态。①各种道德教育悖论现象就是道德教育悖论在一定条件下的表现形式，而依据一定的标准可以将某些表现形式划归为一类，即道德教育悖论现象的形态。作此区分，一则可以将各类道德教育悖论现象进行系统的梳理与分解，二则可为以后识别与消解道德教育悖论现象提供借鉴。

从产生领域看，道德教育悖论现象可以分为道德教育自身存在的悖论现象和道德教育过程存在的悖论现象两类。前者是从宏观角度出发，就其对人类社会历史发展的整体价值而言的，应归属于文化学的范畴，即表现为道德教育文化悖论；后者从微观出发，着力于道德教育内在运行环节而言的，可以归属于伦理学的范畴，表现为道德教育过程悖论。如前所说，道德教育的操作过程从操作来说，具体可划分为道德教育目标、道德教育内容、道德教育方法，因此道德教育过程悖论现象又可以细分为道德教育目标悖论、道德教育内容悖论、道德教育方法悖论三种基本形态。而这三种形态同时也是人类文化选择的表现形式，因此，又隶属于文化悖论的范畴，它们之间的分野是研究的需要。如此，可以较为清晰地将上述列举的具有代表性的各种道德教育悖论现象进行形态的甄别与类型的划分。

1. 道德教育目标悖论

"影响学校道德教育的内在因素，首先是目标的明确和清晰，如果目

①《现代汉语词典》，商务印书馆1995年版，第1289页。

标不明确、不清晰,那么,在道德教育过程中就会出现'不知道培养什么样的人'的问题,操作中就会出现'见仁见智'的情况,最终难能实现道德教育的既定目标"。①道德教育的目标,通俗地说,就是要培养有道德的人。何谓"有道德"?理论界对这个问题的内涵认定并不一致,而实践中教育者更多的是从自我道德经验出发来进行道德教育的引导,一些自相矛盾的做法和说不清道不明的困惑时有出现,影响道德教育有效性的发挥。虽然理论界就政治教育与道德教育作了区分,泛政治化与无我化的道德教育有所改善,但政治教育目标对道德教育目标而言,尚具有一定的覆盖性,因而道德教育独立存在的状态很难被发现。因此,道德教育目标的研究与建设总体上呈现出一定的滞后性,导致其内在冲突不断,很难有效指导道德教育实践。

如果说,道德是一种必要的"恶",那么道德教育目标的设定势必是以对人的某种约束和限制为特征,同样具有"恶"的性质,虽然这种约束和限制可能来自社会存在这种"善"的需要,那么道德教育目标在个体需要和社会需要之间必然出现尼布尔所说的"道德的人与不道德的社会"的悖论。同时,这种与个体需要相违背的道德教育从根本上是不受欢迎、不被接受的道德教育,也违背了教育规律。如此,由道德是一种必要的恶的逻辑推演出的结果自然是道德是压迫人的、道德教育目标是违背人性的等延伸而来与教育规律相违背的道德教育,从而造成由"恶"来诉求"善"的道德教育陷入"二律背反"的状态之中。因此,这种状态在很大程度上将影响道德教育目标的合理性。于是,道德教育一方面实现了社会存在的"善"的诉求,另一方面导致了自斥存在合理的"恶"的出现。

反之,如果说道德是一种善,那么,我们要问的是道德教育要培养的"善"是什么,是一种能力还是一种情感或信仰?不论是在苏格拉底那里还是在亚里士多德处,尤其是受科尔伯格以来的近现代科技哲学影响,人们对前者的认识更多地表现为对理性的推崇,但"理性归根结底是一种工具,既能服务于善,又能服务于恶。理性的一种恶的应用就是

①钱广荣:《中国伦理学引论》,安徽人民出版社2009年版,第232页。

把一致性强加于现实之上，凡不符合一致性规律的就会被当作不真实而加以拒绝。理性的另一种恶的应用是建立起一种虚假的可靠性，从而使人背离超越理性检验的信仰"①。但理性于人类存在与生存的道德价值毋庸置疑，于是，在道德教育中，理性于道德教育的目标来说只能是一种善恶并存的悖论。那么后者呢？不论这种道德情感或信仰始发于人性趋善还是人性避恶，经由孟子和荀子的相辅相成的论证都能看出，现实生活中"农夫与蛇"式的好人没好报的情况频繁发生并不是道德冷漠的症候，恰是"四端之心"充分体认的例证。这些彼此反证的现象看似是在质疑道德的价值，实质则是在挑战既有道德教育目标的合理性。

综上所述，不论是从导善出发还是以避恶起始，是培养人的理性还是陶冶人的情操，在道德教育的目标选择和设置问题上，总是存在善恶并存的悖论结果。

2. 道德教育内容悖论

如果说道德教育目标是培养有道德的人，那么道德教育内容就是"培养有什么样的道德的人"的问题。按照钱广荣先生的理解，这个问题应该是科学和系统的要求。"所谓科学，指的是道德教育的内容能够反映社会和人的发展对道德进步提出的客观要求。所谓系统，指的是道德教育的内容要能够体现历史道德与现实道德、道德知识和道德智慧、道德意识和道德行为等方面的统一。"②而违背此要求设置的道德教育内容，无疑会出现捉襟见肘式的自相矛盾。

按照这个要求，我们就能理解上述案例2中的现象。不论是"人生第一次撒谎从小学作文开始"的发问、还是关于语文教材中"美德绑架孩子"的"挑刺"，都凸显了道德教育内容的争议性。而这势必会影响到道德教育有效性的发挥。一方面，道德作为一种特殊的社会意识形态和价值形态，其广泛渗透的特点决定了道德教育的伦理精神与价值观内涵于一定的课程之中。这种隐性的存在方式，对教育者的识别能力提出了较

---

① 莱茵霍尔德·尼布尔：《道德的人与不道德的社会》，蒋庆、阮炜、黄世瑞等译，贵州人民出版社1998年版，第4页。

② 钱广荣：《中国伦理学引论》，安徽人民出版社2009年版，第233页。

高的要求，教育者必须注意知识层面和价值层面的双重教育。另一方面，作为显性存在的道德教育内容，对受教育者成为何种人有着较为清晰的要求和指引，但这些要求和指引所体现的伦理精神和道德价值观念应该禁得住理性的拷问和逻辑的推演，也就是说，要具备科学性和系统性的要求，否则就存在任意拔高道德形象和歪曲事实的嫌疑。从长远来看，这对道德教育无疑是个潜伏的危险，总有一天会瓦解掉所有道德教育的努力。当人们回过头来，发现充当道德教育内容的"真事"更具有"小说"价值时，道德教育的神圣性就会被其功利性所取代，道德教育的内容就会转而蜕变为谋取某种利益的手段，甚至为其道德合法性提供支持。这对道德教育将是个致命的打击。上述虚拟的诸多道德教育内容绑架了孩子，可反映在1998年高考作文中的"撒谎行为"（或许可以称谓"虚构"）不也是一次集体"戏弄"教育者吗？其实，这就是道德"虚伪"的表现及由来。又或者，受教育者没有疑问、完全按照教育意图培养和成长起来，问题是道德根源于一定社会的经济关系，并受到竖立其上的上层建筑的深刻影响，这就决定了道德教育的内容必定是一种历史范畴，要随着时代的变革和变迁改变和发展自己的内容体系，而任何时代的道德又都是在传统道德的基础上构建的，因此那种脱离科学性和系统性的道德教育内容塑造的"人物形象"必然会出现在"君子国"里，也就说与我们时代所需的伦理精神与道德价值不相符合。

因此，承载着"美好愿望"的道德教育内容，一方面在自觉地担当刻画具体的"道德的人"的任务，另一方面受"美好愿望"的历史维度的限制也在不自觉地导致"不道德的人"的出现。

3. 道德教育方法悖论

道德教育的内容决定了道德教育的方法，而道德教育的方法是实现道德教育目标、贯彻道德教育内容的关键环节。一方面，方法应当有助于实施道德教育内容和实现道德教育目标，是联结道德教育内容和目标之间的纽带；另一方面，方法本身应具有道德教育内容和道德教育培养目标的意义。有学者认为："在道德教育的过程中，方法的功用和意义除了充当传授道德教育内容和实现道德教育目标的手段以外，本身也是一种道德教育内容和道德教育目标的要素，通常表现为'用什么样的方法进行道德教育，就是在培养具备什么样的道德品质的人'"①。因此，方法本身具有的道德教育意义应引起足够的重视，否则极易诱发道德教育悖论现象的出现。

案例1中的"子贡拒金"和"子路受牛"，充分验证了道德教育方法的悖论性。从传统道德评价来说，子贡自己花钱赎人还不要奖励的行为应当说具有的道德价值要高于接受"拜牛"的子路，按理来说，他应该得到孔子的褒奖。可是孔子认为"取其金，则无损於行；不取其金，则不复赎人矣，"因此，对子路的"受牛"行为肯定有加。我们说，不论所诉求的道德教育内容如何表达，是转化还是内化都存在一个方法问题，即如何让受教育者接受道德教育内容，成为一个有道德的人。其中，表扬和鼓励是最为常用、也是最为有效的方法之一。通过旗帜鲜明地表扬和批评，受教育者才能明辨是非善恶；通过适当及时的奖励和惩罚，受教育者才能积极扬善避恶。显然，从教育学的角度来说，相对子贡拒金的超越功利的"崇高"，子路受牛的行为更容易被效仿，更能激起人们向善的潜能。至此，通过"一授一拒"的对比，孔子似乎为我们指出了行之有效的道德教育方法：奖励能使一个人在从事某项活动时做得更好。但问题也随即而来，"受牛"——"赎人"互动式的道德教育奖励方法却在"分苹果"的案例中遭到了严峻的挑战——为了拓展美德的"奖励"最终却导引了"撒谎"这种不良品质的出现。如果说孔子肯定了"奖励"是道德教育的"善方"，那么，此处作为奖励的"善方"分明是在扮演"恶方"的角色，道德教育方法的悖论性鲜明可见。

其实，埃尔菲·艾恩在《奖励的惩罚》一书中也揭示了这种现象。他指出奖励最有效的地方是动物实验室，原因在于动物对人具有依赖性。"如果你要控制的生物体依赖于你，那么他的行为也易于控制"。②在动物实验中，使动物处于饥饿之中，然后将食物作为奖励来换取动物的预期行为。但实验研究表明，这种通过奖励来实现预期目标的方法对于人类

---

① 钱广荣：《不良品德形成与道德教育的相关因素分析》，《合肥师范学院学报》2009年第4期。
② 埃尔菲·艾恩：《奖励的惩罚》，程寅、艾斐译，上海三联书店2006年版，第31页。

来说，并不是那么有效，事实是"如能满足两个条件，奖励会对表现有不利影响：一是当受试对象对任务本身感兴趣时，提供奖励作为动力便是多余的；二是当解决问题之道并无一定之规时，找出解决之道的步骤也非一目了然时"①。此外，诸如奖励破坏人际关系、奖励掩盖问题等都是奖励所具有的恶果。反过来，惩罚作为道德教育的方法同样符合这样的演绎逻辑。因此，道德教育方法的悖论现象普遍存在于道德教育实践中，如我们常说的"棍棒底下出孝子""惯子不孝"等道德教育信念同样面临现实生活中的"不孝子"现象的挑战："棍棒"底下出的不一定是孝子，"惯"出来的不一定是不孝子，相反，可能很多的"不孝子"就产生于"棍棒"之下。通过道德教育和启迪，人们明白了是非善恶，可是巩固善与发扬善的方法却如上文尼布尔论述理性一般，分明存在着"既能服务于善，又能服务于恶"的特性。于是，通过道德教育豁然开朗的道德理性转而为私欲的膨胀进行道德合理性的辩护，道德教育内容的方法开始沦落为利益谋算的工具，在"子贡式"的道德榜样很难企及但又想享用"子路拜牛"的物质喜悦时，造假、虚伪、欺骗等不良品质逐一上演，又怎能说与我们的道德教育没有关系？如此，在奖励与否之间，道德教育方法的二律背反被充分地体现出来。到底该作何选择，这是道德教育方法研究亟待深入的问题。

4.道德教育的文化悖论

文化，是人类在社会历史发展过程中所创造的物质财富和精神财富的总和，特指精神财富，如文学、艺术、教育、科学等。②按照此解释，文化可以涵盖的范围极为广泛，诸如道德、政治、法律、宗教都是文化的表现形式和组成部分。这些名词形式的文化只有在人类生活场景中被激活时，其各有分工的社会功能才能在相对独立的基础上互相补充凝聚为文化的整合力量，实现对社会有序运转的系统调控。这个调控的动态过程同时也是"人化与化人"即人类社会发展与演变的过程。这一点我们可以在我国史学家刘家和先生给杨适教授的《中西人论的冲突——文

---

① 埃尔菲·艾恩：《奖励的惩罚》，程寅、艾斐译，上海三联书店2006年版，第41页。
②《现代汉语词典》，商务印书馆1995年版，第1204页。

化比较的一种新探求》一书所撰写的序言中清楚地看到。

> 在历史上，人和文化的产生和存在是一回事，而对人和文化的反省以及由反省而达到的自觉，则是另一回事。考古学家可以凭一把旧石器时代的手斧断言当时人的存在和文化的存在。可是那种手斧的制造者和使用者，远未能有对于人和文化的反省。我们知道，这种反省，不仅未能出现于原始时代，而且也未能出现于青铜时代的早期诸文明中。只是到了公元前一千年代（约公元前800年—前200年），也就是雅斯贝斯所说的轴心时代（Axial Age），在中国、印度、希腊等处才开始出现了人类历史上的第一批哲学家，才有了人对于人自身及其文化的反省，从而也开始有了关于人的理论，即人论。人论，是人把自身当作对象来自觉思考的结果，是人类精神觉醒的显示。如果说，先前人对自身和自然的超越只是一种客观存在的不自觉的过程，那末，从轴心时代起，人就开始有了一种自觉的精神的自我超越。以上我曾说，人对自然和自身超越的客观过程为文化过程，那末，由人论显示出的人的精神的自我超越，就应该是对于文化的文化过程了。当然，这只是一种比方的说法。我们不会把人论称作文化的文化。因为文化的涵义已经包括人对人自身超越的方面，人论最终也是人的自我超越。所以，我们仍认为人论是文化，不过是文化的中心部分，或者是文化的更深层次。①

由此，这种凸显了人类区别于其他物种生命的类本质的文化探索，汇聚了各种文化形式关于人之本性的意义解读，在统摄个体类化的同时，也不乏相互冲突的文化立意。作为文化的核心组成部分，道德是人类对自身形象的一种刻画，并通过教育将这种形象传递给受教育以完成自然人到道德人的塑造。对此，有学者更清晰地表达为"道德教育……就是

---

① 杨适：《中西人论的冲突——文化比较的一种新探求》，中国人民大学出版社1991年版，第3—4页。

使人的本体人化、类化的文化过程"①。这里的"人化"与"类化"都是在道德关照的视阈下，再加上中国文化传统的伦理型特征所形成的道德思维方式和道德评价方式。所以，"父子相隐"在传统文化中是广为传颂和引为经典的现象，而时至今日，它却遭遇了时代的争议，争议焦点则在于"法律规范与道德提倡"间的价值观念相悖，难以发挥道德与法律在社会运转方面的合力。

这类现象的产生具有其内在逻辑的必然性。不论道德还是法律，都是文化的一个组成部分和一种表现形式，它们各有分工、相互补充，也面临着相互冲突的危险和可能。因为构成文化的各要素必然有其特定的研究对象和领域，对世界作出的解释和规定也有所不同，正是因为各有不同，才能也才需要构成合力，但也正是因为不同，所以冲突甚至相悖才有了空间。或许，正是基于这样的考虑，曹世敏博士才认为"悖论"是文化的本性，是文化的本质规定性。道德与法律在各有归属的同时，又都并归于文化范畴，于是，它们也分享了悖论的属性，投射在道德文化传递、培育和教育的过程中，展现在道德教育效果呈现的过程中，产生于与其他文化的碰撞中。这就是我们所说的道德教育文化悖论。

第二节　道德教育悖论现象的性状

要想充分认识和揭示道德教育中的悖论现象，对其展现的性状作全面的分析与解读，还必须借助悖论、道德悖论等基本概念的层层逻辑推演作由表及里、由现象到本质的扫描式诊断，才能还原和概括出道德教育悖论的核心要义。

一、悖论

作为道德教育悖论现象的核心范畴，悖论的理解与阐释，直接关涉道德教育悖论现象的认定与道德教育悖论的界定，因此，我们首先要了

---

① 薛为昶、程琳:《论道德教育及其文化意义》,《淮海工学院学报》(社会科学版)2009年第3期。

解悖论的基本要义。

悖论，是"paradox"这个单词的意译。"paradox"源于两个希腊词根"para-"（=against，contrary）和"-doxa"（=opinion），指荒谬的理论或自相矛盾的语句或命题。[①]如黄展翼认为"悖论"是"挑战常识的'大理'"。[②]这种和"一般矛盾"具有同等含义的宽泛界定，虽易于被人理解和接受，却不过是修辞学意义上的强调而已。显然，理论界不少学者是在这种意义上使用"悖论"的。此外，哲学领域的悖论一般指"由肯定它真，就推出它假，由肯定它假，就推出它真的一类命题"，[③]这是对悖论的内容所作的抽象概括，赋予了悖论明朗化的形式特征。而在逻辑学界有较高公认度的"悖论"却是"指谓这样一种理论事实或状况，在某些公认正确的背景知识下，可以合乎逻辑地建立两个矛盾语句相互推出的矛盾等价式"。[④]在这里，对悖论的要义作了较为严格的定位，即构成"悖论"的命题应符合三个要素：第一，可以建立矛盾等价式，否则则是"半截子悖论"；第二，公认正确的背景知识，否则则是"悖论的拟化形式"；第三，其所依据的背景知识和矛盾等价式之间的无误推导，即要具有逻辑性。这种对悖论的逻辑刻画，具有两个优点：一是通过较为严格的形式，将"悖论"与"一般矛盾"区别开来，可以避免悖论的泛化表达与使用。"首先，就科学发现而言，悖论作为一种特殊的反常问题，是创立新的科学理论的重要契机……其次，就科学检验而言，悖论作为一种特殊的逻辑矛盾，是一种重要的证伪手段……再次，就科学发展而言，悖论的发现和解决愈益成为一种重要的推动力量"[⑤]的认识，为悖论的存在价值提供了有别于一般矛盾的说明和证明。二是通过对涉及认知主体的"公认正确的背景知识"的语用学概念的说明与介绍，扩展了悖论的视阈，具备了推演到其他社会科学的广延性。这两个优点促使

① 王习胜：《关于道德悖论属性的思考——从逻辑的观点看》，《安徽师范大学学报》（人文社会科学版）2007年第5期。

② 黄展翼：《简朴的悖论定义——从矛盾到互补》，《人文杂志》1994年第3期。

③ 《中国大百科全书》编辑委员会编：《中国大百科全书》（哲学卷），中国大百科全书出版社1988年版，第33页。

④ 张建军：《逻辑悖论研究引论》，南京大学出版社2002年版，第8页。

⑤ 张建军：《科学的难题——悖论》，浙江科学技术出版社1990年版，第293—294页。

三要素说的"悖论"具有突破与超越其一向囿于逻辑学领域研究的现实的可能并将其成果拓展到社会科学领域，从而获得了方法论的价值与意义。这也是"悖论"在本书中的立足点。也就是说，悖论的内涵与特征并非本书所关注的重点，而关于悖论的认证方法却为道德悖论的发现以及道德教育悖论的识别提供了指导，并由已导引悖论现象产生原因的认识与解悖路径的探索。

当我们将公认的背景知识转移到道德生活领域后，运用悖论的形式特征就可以逐一甄别道德教育中说不清道不明的道德现象，"道德悖论"正是这一方法生动运用的范例。

二、道德悖论

"道德悖论"作为一种原创性的发现，从其基本概念的提出到其内涵的明确所指经历了一个探索的过程。我们可以从钱广荣先生的《道德价值实现：假设、悖论与智慧》（安徽师范大学学报，2005年第5期）、《道德悖论的基本问题》（哲学研究，2006年第10期）、《道德悖论界说及其意义》（哲学动态，2007年第7期）、《不道德选择的合法性之悖论问题》（安徽师范大学学报，2008年第3期）、《把握道德悖论需要注意的学理性问题》（道德与文明，2008年第6期）等文章中把握这一点。在这种渐进性的认识与阐述过程中，我们可以发现，道德悖论是一个集合性的概念，主要由道德悖论现象、道德悖论直觉、道德悖论知觉、道德悖论理论等不同层次的道德悖论问题构成。因此，在较早的文章中所谈论的道德悖论问题，其实多为道德悖论现象，即道德行为选择和价值实现的过程中同时出现善与恶自相矛盾的特殊矛盾，本质上属于道德实践范畴，在伦理学的知识体系中应归于道德选择和道德评价的结构层次。也就是说，道德悖论现象是道德实践中发生的客观事实，但也会因选择和评价的标准不同、情境和道德文化背景不同而呈现出不同的类型。有的人之所以对"道德悖论"这一命题感到困惑，甚至认为它是一个"虚假命题""伪问题"，是因为没有分清"发生"与"发现"的界限。不论道德悖论的内涵如何丰富、外延如何拓展、表述如何不同，道德悖论现象是道德实践中客观存在的自相矛盾是毋庸置疑的。道德悖论现象是道德悖论研究的逻辑起点，也是道德悖论研究的核心。

从目前的研究来看，道德悖论是不同于逻辑悖论的一种实践悖论，它与逻辑悖论之间不是部分和整体的关系。研究者对其的认识也经历了一个变化和发展的过程。起初，研究者们将道德悖论看作一种特殊的逻辑悖论，随着研究的深入，逐渐发现逻辑悖论是思维现象，其"合乎逻辑的错误"属于"正确"的思想错误——因为说（想）对了，所以也说（想）错了，而道德悖论属于实践现象，其"合乎逻辑的错误"属于"正确选择（行动）的错误"——因为选择（行动）对了，所以也选择（行动）错了。就是说，道德悖论概念的提出借用了逻辑悖论的界定方法，但其本质上是道德悖"行"。之所以称其为"论"，是因为其"悖理"之处是人们运用公认正确的道德背景知识（规范和原则）并经过严密无误的逻辑推导而进行道德评价"论"出来的。学界最终会不会以"道德悖行"取代道德悖论现象，现在不得而知，但我们认为这个问题并不是很重要，重要的是必须看到它们之间鲜明的分野：逻辑悖论是"正确的思想错误"，属于逻辑学范畴；道德悖论是"正确的实践错误"，属于伦理学范畴。如此，道德悖论的刻画方式一目了然，其可以充分折射出道德悖论研究的理论意义和现实意义：一方面，根据逻辑悖论研究的新近成果，悖论的消解往往需要改变原有理论的基本信念或基本概念，因为矛盾的结论不可接受，而推理的过程又合乎逻辑，矛盾的消解唯有指向前提性的公认正确的背景知识，进行背景知识的创新，才能解决问题。这就不可避免地会触及对既有的道德原则或规范之合理性的审思，即道德悖论的消解路径预示了道德理论创新的可能与需要。另一方面，面对中国改革开放多年来的"经济爬坡"与"道德滑坡"的争论、"社会代价论"的讨论等现实困惑，运用道德悖论的分析方法可以发现，社会发展的规律就是"以悖论的方式赢得自己的文明进步，其标志就是现实在承接某些合理和优良的传统因素之中战胜和取代了传统，让传统付出了

'社会代价'"。①这对于人们正确认识社会发展中的矛盾现象具有积极意义。

道德悖论现象的研究开辟了伦理学研究的新视野。目前的研究尚局限在道德悖论概念、特征、形态、消解等基本的学理方面，其理论价值也只是初见端倪，亟待开发和拓展道德悖论实践层次的研究。道德教育中的悖论现象研究也正是对这一要求的响应。

道德的生成和发展的社会物质基础是特定的利益关系，其具有广泛的渗透性，这就决定了每个人都毫无例外地会与道德悖论相遇而道德教育的悖论现象越来越引起人们的普遍关注。道德教育中的诸多困惑、两难、矛盾的悖论性状淡化和消解着道德教育的应有效果，动摇着人类的道德信念，亟待运用"道德悖论"范式予以揭示与剖析，以加强与改进道德教育，提高道德教育的有效性，在思想上引导人们正确看待当代中国社会发展中存在的问题，在行动上导引人们作出合乎道德价值实现逻辑的选择。

三、道德教育悖论现象的基本特点

道德教育悖论现象广泛存在于道德教育实践中，发动于道德行为选择和价值实现的过程中，其有悖于道德教育常态的表现是：导引善的道德教育激发的结果却是与预期目标相异的善恶同显同在的自相矛盾。这种结果式价值悖论的现象，困扰人们的道德教育实践，无法充分彰显道德教育的价值，动摇着人们对道德教育的信念和信心。因此，立足于悖论精神与道德教育价值的考量，"实践悖论"与"善与恶的矛盾"就成为道德教育悖论现象的基本特点。前者是对道德教育悖论现象之悖论属性的概括，后者是对道德教育悖论现象之悖论内容的概括，二者是一切道德教育悖论现象的内在规定。

1. 实践悖论

作为一种实践活动，道德教育必然是通过主观见之于客观的形式来

---

① 钱广荣：《把握道德悖论需要注意的学理性问题》，《道德与文明》2008年第6期。

实现其理论主张。不论是道德教育自身还是道德教育过程都是在实践中呈现出其内在悖论属性的，因此其悖论是在实践逻辑中生成的，需要借助人的思维逻辑来发现和认识，但它本身并不是思维逻辑的产物，也就是说它不是逻辑悖论，而是与其之相对的实践悖论。前者是思维中的悖论，后者是行为中的悖论。如果将道德教育过程逐一进行分割，那么道德教育内容、目的与方法的理念本身都是合乎道德要求的，是符合人们的道德思维逻辑的，但这些理念一旦在实践中展开，其所形成的结果都具有一定的悖论色彩，即善果和恶果并存。之所以如此，是因为道德教育的本质属性是一种价值范畴的活动，价值的属人性也就是说其融入了思想、观念、兴趣、爱好等主观色彩的个性特征决定了其并不一定遵守理性严格刻画的逻辑。也就是说，价值理性并不一定具有以抽象符号代替具体内容进行逻辑推演的那种普适性。任何实践的"逻辑的式"都不同于逻辑的"实践的式"，它不是逻辑推理和演绎的结果，而是在"亿万次"的实践中逐渐形成的、遵循实践活动的自身"演绎"的客观规律。因此，道德教育悖论现象是在实践中产生的，是实践提出的问题，也只有借助理性逻辑并结合对实践逻辑的认识来解决。

或许，因道德教育悖论之"论"具有言说的色彩和倾向，影响了人们对其属性的认识和把握。其从本质属性上来说，更符合道德教育悖论现象特性描述的应是"道德教育悖行"。"一般逻辑悖论是'正确的思想错误'，道德悖论是'正确的行为错误'，本质不是'悖论'，而是'悖行'……就是说，道德悖论不是'想'对亦'想'错了，也不是'说'对亦'说'错了，而是'做'对亦'做'错了。"①此逻辑同样适应于对道德教育悖论现象特点的描绘。

2. 善与恶的自相矛盾

善与恶是对人的行为或事件最常见的评价，是个人与社会所发生的复杂的道德关系的反映。伦理学上的"善"是指符合一定道德原则和规范的行为或事件；"恶"则指违背一定道德原则和规范的行为或事件。一

---

① 钱广荣：《关于道德悖论研究的方法问题——兼谈逻辑悖论对于道德悖论研究的方法阈限》，《中共南京市委党校学报》2009年第1期。

般来说，善恶的界线清晰明确，通过对道德价值的善恶评价可以有效指引人们的道德行为选择。但对道德教育悖论来说，善恶却同在，不相容的善果与恶果同时存在于道德教育的价值中。

一方面，道德教育悖论现象中善与恶的对立泾渭分明，而且彼此在同一时空内不能相互转化。道德教育实践结果中出现的善果与恶果，不是说一方的存在是因为另一方的存在才得以存在的，如"分苹果"中的"我"通过"妈妈"的道德教育出现了"谦虚"的美德行为这一善果，同时却学会了"说谎"的不良行为这一恶果。显然，在上述"分苹果"的道德教育中，恶果占了主要成分，引发了人们对于道德教育的信任感，继而催生出普遍的道德危机感。因此，对道德教育悖论的后果究竟是善还是恶，需要据实作出具体分析，并探讨相应的制约机制。

另一方面，道德教育悖论现象中善与恶的同现与同在具有一定的隐蔽性与普遍性。其隐蔽性在于人们在进行道德评价的时候，往往看重动机而不是效果，只要能够看到一点"善果"，即使同时出现"得不偿失"的"恶果"，也并不在意。如"分苹果"中要不是"我"的坦白，其恶果无人知晓；其普遍性在于道德主体在进行价值选择和实现的过程中，总是会因自身的判断、选择能力及复杂的道德情境所限，从而影响善果的彰显，导致恶果的出现。如"分苹果"中的妈妈或许是从其自身成长的经验出发，却错估了孩子的实际情况，结果适得其反，孩子"从此学会了说谎"。

需要说明的是，正如恩格斯所说："善恶观念从一个民族到另一个民族、从一个时代到另一个时代变更得这样厉害，以致它们常常是互相直接矛盾的。"①也就是说，善恶观念具有一定的民族性与时代性，在一个民族与时代成为"善"的观念在很大程度上得益于一种普遍的共识（"恶"也同样如此），如此就造成道德教育悖论现象中自相矛盾的善与恶可以扮演事物发展的一种动力，这种动力以"悖"的形式来展现就获得了逻辑学中所说的"悖论的发现与解决是理论创新的动力"的积极意义，值得我们深入挖掘和研究。

---

① 《马克思恩格斯选集》第3卷，人民出版社1995年版，第433—434页。

第三节　学界关于道德教育悖论的种种见解

"道德教育……自身隐含着一些逻辑上的悖论或类似于悖论性质的矛盾"[①]。学界对这种客观存在的"悖论现象"进行了系统的梳理，大体可以将其分为道德教育目标中存在的悖论现象、道德教育内容中存在的悖论现象、道德教育方法中存在的悖论现象。

就道德教育目标来说，"一方面，只有引导学生相信道德规范的价值性和合理性，学生才能自觉地悦纳这些规范，并有效地指导自己的行为。但是，另一方面，如果学生对此深信不疑，就会削弱或失去道德反思和批判能力，只能沦为道德的奴隶。"[②]这种道德教育目标所带来的两难境地凸显了其所具有的悖论特质。而这种悖论的产生，则根源于对道德教育的目标即培养"有道德的人"这一内涵的不同认定。正如有学者指出"影响学校道德教育的内在因素，首先是目标的明确和清晰，如果目标不明确、不清晰，那么，在道德教育过程中就会出现'不知道培养什么样的人'的问题，操作中就会出现'见仁见智'的情况，最终难能实现道德教育的既定目标"。[③]在道德教育实践中，面对这种目标的不明确、不清晰，教育者更多的是从自我道德经验出发来进行道德教育的引导，这就不可避免一些自相矛盾的做法甚至说不清道不明的困惑时有出现，致使道德教育的目标在整体上呈现为一种模糊的状态，趋善的道德教育目标就内在地蕴涵了"恶"，道德教育目标便成了善与恶并存的悖论统一体。

就道德教育内容来说，面对"要培养一个有什么样的道德的人"的问题，一般来说，应体现科学和系统的要求。而违背此要求设置的道德教育内容，无疑会出现捉襟见肘式的自相矛盾。对此，朱飞从教育哲学的角度指出，"在道德教育内容的选择上回避一些与主流价值观相冲突的

---

① 唐汉卫：《略论道德教育中的悖论》，《教育科学》2002年第2期。
② 徐湘荷：《道德教育中的悖论》，《现代教育论丛》2006年第2期。
③ 钱广荣：《中国伦理学引论》，安徽人民出版社2009年版，第232页。

思想观念，则压缩了个体进行道德价值选择的空间，违背了道德教育的公正性价值"①。还有研究者结合现实道德教育中的诸多案例，分析了道德教育内容中客观存在的争议性，指出承载着"美好愿望"的道德教育内容，一方面在自觉地担当刻画具体的"道德的人"的任务，另一方面受"美好愿望"的历史维度的限制也在不自觉地导致"不道德的人"的出现。这种情形反映在道德教育实践中即人们面对"孔融该不该让梨"等道德教育内容所产生的困惑。这种困惑所彰显的问题即是道德教育内容的悖论性，到底该如何筛选和定位，关涉人们到底该做一个有什么样的道德的人。

就道德教育方法来说，较早发现道德教育方法存在悖论的是詹姆斯·麦克莱伦，他在《教育哲学》中提出"道德教育或者是无效的，或者是不道德的，二者必居其一。如果要想让一个儿童按你的道德理论要求他学习的方式去行事，那就要求你以你的道德理论所禁止的方式对待他；如果不用非道德的方式对待他，保管他长大以后，连什么是道德所要求的，什么是道德所禁止的都分不清楚。"②这一悖论为国内学者广为赞同，成为道德教育方法悖论研究的起点。孙彩平将其通俗地表达为，"现代的道德教育一直在试图'通过压制理性的做法培养有理性的人'，这一悖谬，使标榜自由、平等与理性的现代道德教育陷入其自身无法超越的伦理困境。"③徐湘荷指出，"在德育方式上，一方面，诉诸权威、传授规范似乎是幼童时期不可避免的教育方法，但另一方面，只有摆脱权威，发展自律精神才能构建真正的道德。"④就具体的道德教育方法来说，美国心理学家柯尔伯格以"灌输"为例，指出"灌输既不是一种教授道德的方法，也不是一种道德的教学方法"⑤。国内学者高德胜认为"不准

① 朱飞：《道德教育目的的道德性考量》，《学校党建与思想教育》2007年第6期。
② 詹姆斯·麦克莱伦：《教育哲学》，宋少云、陈平译，生活·读书·新知三联书店1988年版，第316—317页。
③ 孙彩平：《社会伦理转型与当代中国德育改革》，《东北师大学报》2007年第1期。
④ 徐湘荷：《道德教育中的悖论》，《现代教育论丛》2006年第2期。
⑤ Power C，Kohlberg L，*"Using a Hidden Curriculum for Moral Education"*，*Education Digest*，1987.

女生留长发"这样的行为规范教育是对道德教育价值追求的直接违背①。这些论述实际上都指出了作为实现道德教育目标、传递道德教育内容关键环节的道德教育方法亦存在善恶之分，为了实现道德教育"善"的目标与所采取"恶"的方法之间就内在地构成了相互的矛盾与冲突，呈现为一种"悖论"的性状。此外，学界对道德教育方法悖论的研究中，对"榜样"这一道德教育最为典型的教育方式尤为关注。苏生和白明亮分别在《榜样的负面影响》（共产党员，2008年第9期）、《幽暗意识与榜样教育——一种道德教育的反思》（南京师范大学学报，2004年第2期）中以一种直觉的形式感受、觉察到了"榜样"这一常见道德教育方式所面临或导致的冲突与困境。

　　这些确实是道德教育中不易为人所察知的道德教育悖论现象，对我们理解道德教育悖论不乏启示。对此类现象，詹姆斯·麦克莱伦给出的解释是，"佯谬就隐藏在我们的文明生活的概念中"②，此等悖谬"本身实际上是一个道德问题，它只能在具体的行动中得到解决"③。虽然麦克莱伦认为，道德教育悖论提出的挑战，是任何道德教育理论都不能忽视的，但他给出的消解方案显然忽视了道德教育悖论的发现所具有的价值和意义，更多的是在教育理论领域作的道德悖论知觉似的思考，缺少道德哲学意义上的"悖论"追问，对道德教育的启迪也有限。

　　同样，中国学者对道德教育悖论的思考也主要集中于一种道德悖论知觉似的察觉，如"道德教育旨在弘扬善、以善除恶，而它同时又不得不面对恶从根本上永远无法消除的事实，甚至是恶使得道德教育才有了存在的可能"④。通过上述对悖论的介绍，我们知道，这不是悖论，"这似乎就构成了一种悖论""类似于悖论性质的矛盾"，因此，更为准确地说，"悖论"在此是被借用为语形来描绘一种"矛盾"的感觉。徐湘荷揭示的道德教育中隐含的"两难"现象，具有悖论的特质，但缺少对道德

　　① 参见高德胜：《析道德教育中的僭越现象——由"不准女生留长发"引发的思考》，《当代教育科学》2007年第7期。
　　② 麦克莱伦：《教育哲学》，宋少云、陈平译，生活·读书·新知三联书店1988年版，第322页。
　　③ 麦克莱伦：《教育哲学》，宋少云、陈平译，生活·读书·新知三联书店1988年版，第323页。
　　④ 唐汉卫：《略论道德教育中的悖论》，《教育科学》2002年第6期。

教育悖论的学理分析与内涵界说。①而马亮的《道德教育悖论的合理性意蕴》则是从上述西方学者彼得斯和麦克莱伦的既定结论出发来论证道德教育悖论的合理性，②同样缺少关于道德教育悖论内涵的见解。这一缺陷在《学校道德教育中的悖论问题》一文中有了弥补："道德教育悖论是道德教育过程中出现的与至善教育目标相背离的内在性矛盾和根本性冲突。……从有助于揭示道德教育中存在的悖论问题来看，对道德教育悖论的理解还可以宽泛些，即把由人的道德教育观念或行为引发的一切不能自圆其说的逻辑矛盾和与至善的教育目标相背离的实践矛盾都纳入道德教育悖论的言说范围。"③虽然这种见解显得宽泛且不明晰，但其中道德教育悖论特性的陈述还是为我们言说道德教育悖论提供了启迪与借鉴。

综上所述，道德教育悖论应是对道德教育悖论现象的学理概说和抽象概括，具体包括道德教育自身悖论和道德教育过程悖论，即贯穿于道德教育自身及道德教育过程，体现在道德行为选择和价值实现的过程中并呈现善恶自相矛盾的结果的一种实践悖论。

---

① 徐湘荷：《道德教育中的悖论》，《现代教育论丛》2006年第2期。

② 参见马亮：《道德教育悖论的合理性意蕴》，《广西大学学报》（哲学社会科学版）2005年第5期。

③ 朱平：《学校道德教育中的悖论问题》，《道德与文明》2008年第6期。

第三章　道德教育悖论现象生成的过程分析

目前，人们对于道德教育悖论现象的认识尚处于起步阶段，因此，一方面，我们要广泛深入揭示道德教育悖论现象，另一方面，我们要分析、解读并阐释道德教育悖论现象生成的过程，为我们规避道德教育悖论的消极影响提供某种参考。

第一节　道德教育价值实现的内在规律

我们关心道德和道德教育，原因是其具有的社会整合功能和个体人文关怀，也就是说道德及道德教育价值的实现才是学界探讨的重点。因此，当我们直面这些困扰道德教育实践的悖论现象时，所有的困惑都指向了一点：道德教育的价值遭遇淡化或消解的危险是如何生发的。为了澄清认识，我们有必要回到问题的始点。

一、道德教育的内在结构

结构是事物存在的基本方式，分析和认识事物的结构是从整体和部分两个方面把握事物的一种基本方法。因此，把握道德必须要从了解其结构入手。所谓道德结构，是指每个道德体系的各个构成部分之间的关系，即各个组成部分，是以怎样的方式、关系而配合，组成为统一整体的。①关于道德结构的具体看法，理论界也不尽相同，如以罗国杰先生为代表的学者认为，作为伦理学研究对象的道德是一种特定的社会现象，可以分为道德意识现象、道德活动现象和道德规范现象。"所谓道德意识现象，则是指在道德活动中形成并影响道德活动的各种具有善恶价值的思想、观点和理论体系。所谓道德活动现象，主要是指人类生活中环绕一定善恶而进行的、可以用善恶观念评价的群体活动和个体行为。所谓道德规范现象，则是指在一定社会条件下评价和指导人们行为的准则。"②关于道德结构的划分还有一种看法，即认为道德可以分为道德意识、道德活动和道德关系。道德意识是各种道德理想、观念、准则、标准、情感、意志、信念等的总称。具体又包括道德认识、道德情感和道德要求。"道德认识是以理性的形式对事物的善或恶的判定、反映；道德情感是对事物的善或恶肯定或否定的态度；道德要求即抑善扬恶的要求，是以要求、规范和准则的形式对事物善或恶的反映。"③道德活动是一定社会的人们为追求一定的道德价值目标、依据社会所提倡和实行的道德原则和规范要求而选择和实施的个体行为和群体行为。④道德关系是人们基于一定的道德意识，开展道德活动的实践产物。⑤理论界具有代表性的这两种分法，我们应选择哪一种来立论？"考察道德的结构无非是弄清这样两个方面：一方面，道德具有哪些组成部分，另一方面，这些部分之间的关系是怎样的。"⑥而对后者的诠释更将直接影响到我们如何选择。从道德品质培养和形成的角度看，后一种分法对于道德教育实践更具有指导意义，也显示了较为简明的可操作性。这一点可以从道德意识、道德活动、道德关系之间的关系中推证。"道德意识是进行道德活动和形成道德关系的前提，而且它贯穿、体现在道德活动和道德关系之中；道德活动是联系道德意识、道德关系这两端的桥梁，既是道德意识发挥作用

---

① 魏道履、沈忠俊等编著：《伦理学》，鹭江出版社1986年版，第115页。
② 罗国杰：《伦理学》，人民出版社1989年版，第8页。
③ 魏道履、沈忠俊等编著：《伦理学》，鹭江出版社1986年版，第115页。
④ 钱广荣：《中国伦理学引论》，安徽人民出版社2009年版，第38页。
⑤ 钱广荣：《中国伦理学引论》，安徽人民出版社2009年版，第40页。
⑥ 魏道履、沈忠俊等编著：《伦理学》，鹭江出版社1986年版，第115页。

的形式，又是形成道德关系的过程；道德关系是道德意识的实现，又是道德活动的目标和结果。而道德关系一旦形成又影响、制约着人们的道德活动和道德意识；道德活动又使人们的道德意识得到检验"。①道德这三个组成部分内在关系的逻辑梳理，显然颇具代表性。如果将它们置于道德价值实现的过程中，会发现它们的角色有着鲜明的不同，"在人类社会的道德现象世界中，道德意识只是道德价值的可能，道德活动是道德价值的实践形式，道德关系才是道德价值的事实或实质内涵，道德意识和道德活动只有转化成相应的道德关系才真正实现了自己的价值"。②因此，"良好的道德关系，是一切社会进行道德建设和道德教育的真正目标。道德对社会和人的进步的作用其实是通过道德关系展现出来的，道德对人的终极关怀也是经由道德关系体现出来的；道德意识和道德活动如果不能最终相应形成一定的道德关系，也就只是'意识'和'活动'而已，没有什么实际的意义。正因为如此，追求和实现一定的道德关系的价值事实，是有史以来人类社会道德建设的根本宗旨和最终目标。"③显然，这些道德结构内在逻辑关系的揭示对于道德教育结构的考察及道德教育价值实现规律的探索具有重要的意义。

很显然，道德价值在道德结构的划分中扮演了很重要的角色或者说提供了参照标准，换句话说，道德价值在道德现象的考察中居核心位置，这就启发我们思考道德教育的价值诉求是什么，由此作为参照才能逐一厘清组成道德教育结构的要素或成分。面对道德教育价值诉求的拷问，其实也就是道德教育目标的问题，我们早有回答："做一个有道德的人"。这是实践生活的目标或结论，但这却是理论演绎的开始，也是道德教育结构分解的支点。既然道德教育的价值诉求是"做一个有道德的人"，那么符合逻辑的追问必然是"为什么要做一个有道德的人""做一个有什么样的道德的人"及"怎样做一个有道德的人"，这也就构成了道德教育的内在结构。这种立足道德言说道德教育结构的做法并不鲜见，其逻辑体

① 魏道履、沈忠俊等编著:《伦理学》,鹭江出版社1986年版,第118页。
② 钱广荣:《中国伦理学引论》,安徽人民出版社2009年版,第40页。
③ 钱广荣:《中国伦理学引论》,安徽人民出版社2009年版,第41页。

现在教育学领域中，一般表述为道德教育目的、道德教育内容、道德教育方法，三者有机统一于道德教育实践中。其实，伦理学与教育学解剖道德教育结构的逻辑并无实质不同，但伦理学直白的语言描绘较教育学通用的术语表达更贴近道德教育的本义，更能彰显道德教育的题中之义。一直以来，道德教育都以"显学"的形象划归教育学领域，并在此领域得到了较为细致和深入的探讨，但这些探讨多是在一般教育规律的统摄下，并没有体现道德教育的特殊性，从而与道德教育真面目的识别擦肩而过，未能实现其于道德教育的意义。同样，道德教育历来也盘踞伦理学体系一隅，和道德修养并列，并作他律和自律之分。按理来说，承担此重任的道德教育应该得到充分的重视，但相对于其在教育学领域的"风光"，伦理学显然给予的"关照"不够。纵观国内伦理学体系的安排，要么大而化之、蜻蜓点水，要么大同小异、难见新意，普遍缺少实质性内容的论述，从而架空了承担着理论向实践转化任务的道德教育。因此，面对观点各异、各成体系的道德理论，道德实践却总显苍白。这与我们对道德教育及道德教育内在结构的认识不清不无关系。道德教育是一项实践活动，道德既是践行的内容也是践行的标准，这就要求我们既要"知其然"，又要"知其所以然"，而这种认识应该充分体现在道德教育结构中，才符合理性的推演，才具有说服力。因此，在道德教育的实施过程中，通过教育学诸如方法选择、目标设定、内容筛选等环节可以量化各项指标，这有助于细化对道德教育的认识、便于道德教育的操作，但同时也割裂了道德教育内在结构的一致性，造成道德教育逻辑的断裂。而伦理学符合逻辑的理论体系却面临着如何使之逻辑地与实践结合起来的难题。所以道德教育的结构必须能够融教育学与伦理学于一体，体现道德与教育的双重含义。如此，我们就会发现，以"为什么要做一个有道德的人""做一个有什么样的道德的人"引领的发问及以"怎样做一个有道德的人"作为落脚点的道德教育内在结构可以兼容道德教育的题意。这三个组成部分既具有伦理的逻辑，又符合教育的规律，较为鲜明、形象地勾勒出了道德教育演绎的逻辑，为揭示道德教育价值实现的内在规律提供了逻辑起点。

二、道德教育价值实现的三层逻辑

道德结构的明确为我们揭示道德价值实现的规律提供了清晰的指引，诸如各个组成部分在道德价值实现过程中分属的角色与任务。这启示我们在把握道德教育价值实现规律之前要确认道德教育结构诸要素在道德教育价值实现过程中所起的作用并理顺它们之间的逻辑关系。

在道德教育的三层逻辑关系中，"为什么要做一个有道德的人"属于"道德教育"的价值范畴——价值论问题，这是道德教育的逻辑起点、立论基础。唯有对此问题作出准确的定性和合理的回答，道德教育才能合其本意、合乎逻辑地顺利进行，否则关涉主体的价值范畴极易演变成陈述事实的知识范畴从而导致道德教育出现违背初衷的悖论现象。关于"为什么要做一个有道德的人"这个问题，目前理论界形成共识的破题或从个人出发、或从社会入手或兼而有之，但不论哪种解答路径在个人与社会辩证关系下更多地呈现出"知识"（或事实）的形态，而最初的价值属性已被层层的知识体系所遮蔽，由此也一并遮蔽了对道德教育事实的逻辑起点的认知，体现在道德教育实践中则是跨越了"为什么要做一个有道德的人"的逻辑设问，直接从"做一个有什么样的道德的人"开始逻辑演绎。这种人为中断或割裂道德教育结构的做法对道德教育价值实现规律的认识产生了障碍。

那么，缘何能作出问题的起点是价值范畴的论断呢？"为什么要做一个有道德的人"的中心是对原因的追问，这可以有多重解释，但总体来说可以分为内因和外因。当我们从道德于社会或个人的功能角度来阐发道德价值时，是只见客体不见主体的外因思维方式，或者说是被动的道德思维方式，这种缺乏主体立场的归因导致"为什么要做一个有道德的人"的原因是被赋予的而不是生成的，这与马克思所说的"道德的基础是人类精神的自律"[1]相违背，说明我们需要调整问题探究的思路。根据辩证唯物主义原理关于内外因关系的论述及马克思关于道德基础问题的

---

[1]《马克思恩格斯全集》第1卷，人民出版社1995年版，第119页。

看法,"为什么要做一个有道德的人"的解答必须回归主体来考量,即"人"为什么要有道德?这个原因不能脱离人自身到外部去寻找,必须立足人本身来回答。这种凸显人的主体性的要求就是"价值"现象的显著特点。如李德顺在《价值论》一书中曾说:"'价值'这种现象的一个显著特点是:价值的性质和程度如何,主要地取决于价值关系主体的情况,而不是由客体所决定的……这种特点,至今已为大多数研究价值问题的人所公认。……我们则叫它'价值的主体性'"。①因此,我们说,"为什么要做一个有道德的人"作为道德教育的逻辑起点,属于"道德教育"的价值范畴。这是认识道德教育价值实现规律的前提。

当解决了"为什么要做一个有道德的人"的认识问题后,顺延逻辑的则是对"做一个有什么样的道德的人"的发问,这属于道德教育的标准和原则范畴,即我们要教育和传授的是什么道德。在这个问题上,作为真理与价值相统一的道德反映在道德教育领域则一直忽视了"道德是什么"的"知识体系教育",却总是不自觉地再强调"道德应当是什么"的"价值体系教育"。"一个社会如果片面强调道德是一种价值或价值意识,就可能会忽视或忽略道德的真理性内核,超越现实社会发展客观要求推行道德价值,这样易于诱发虚假道德盛行,甚至使道德仅仅成为政治统治的工具,成为一些人沽名钓誉的招牌"②,从而导致道德悖论现象的出现。马克思说:"人们在自己生活的社会生产中发生一定的、必然的、不以他们的意志为转移的关系,即同他们的物质生产力的一定发展阶段相适合的生产关系。这些生产关系的总和构成社会的经济结构,即有法律和政治的上层建筑竖立其上并有一定的社会意识形式与之相适应的现实基础。物质生活的生产方式制约着整个社会生活、政治生活和精神生活的过程。不是人们的意识决定人们的存在,相反,是人们的社会存在决定人们的意识。"③因此,道德作为一种社会意识形式,根源于一定社会的经济关系,有什么样的社会经济结构,就相应地有什么样的社

---

① 李德顺:《价值论》,中国人民大学出版社1987年版,第4页。
② 钱广荣:《中国伦理学引论》,安徽人民出版社2009年版,第33页。
③《马克思恩格斯选集》第2卷,人民出版社1995年版,第32页。

会道德。同时，道德与政治、法律、宗教、艺术等其他社会意识形式存在着深刻的逻辑关系，因此一定社会的道德应能真实反映社会经济发展的客观要求。但是，当我们强调道德受制于经济关系的时候，也要看到道德具有相对立性的一面，其或滞后于经济关系的变革、或超前于经济关系的发展，不得不说这种情况在道德教育中是定位为知识体系还是描述为价值体系，仍是个问题。正因如此，当前道德教育实践才显得捉襟见肘。这种客观情况恰是道德状况的真实描绘，也是道德作为真理性知识的表现，更是其价值属性应有的逻辑起点。因此，我们必须立足道德知识体系的研究，在马克思主义唯物史观的指导下，在科学说明道德知识体系的基础上来正确认识道德的价值体系。"一个社会提倡的道德，要求人们具有的道德素质，首先应当是真实地反映所处时代的社会发展的实际情况和客观要求，应当是真理，其次才是价值和价值导向问题，"①如此才较为真实和科学地反映了道德的样貌，这也应当是我们设定"道德教育内容"的原则要求。所以，我们才说"做一个有什么样的道德的人"在"道德教育"中属于知识论问题，有其要遵守的、不以人的意志为转移的客观法则，任何脱离此要求的善良愿望可能都会遭遇失望。

在澄清了道德教育结构中隶属于思想认识问题的前两层逻辑关系后，就进入了道德实践环节，即"怎样做一个有道德的人"，它属于"道德教育"的方法和智慧范畴。相对于前两者的研究，这个问题一直被忽略，这和由来已久的重动机轻结果的道德评价传统不无关系。这种评价习惯深受德性论传统的影响，好像解决了"知"的问题自然就会有"行"的出现。实质上，"知"是个理性认识问题，而激发"行"的却是情感"愿不愿"的态度问题，这之间的过渡或者准确说道德教育价值的实现至少要考虑两点：一是情不愿；二是情愿。前者需再教育，在此不予考虑，引人思考的问题是后者。一般来说，道德教育到此就结束了，此后进入的就是对道德行为的评价阶段，由此延伸的具有教育意义的评价多具有自发倾向。也就是说，道德教育结构中的"怎样做一个有道德的人"的

---

① 钱广荣：《中国伦理学引论》，安徽人民出版社2009年版，第43页。

方法和智慧范畴的问题不是问题，这种逻辑的断裂完全打破了道德教育价值实现的规律，导致淡化或消解道德教育效果的悖论现象出现。因为道德教育进展到"行"的阶段仅仅是道德结构中"道德活动"的呈现，对于道德教育价值的实现来说，仅仅是价值实现的可能形式，而不是事实形式。要想实现二者之间的转化，就必须关注"如何行"的问题，也就是我们要强调的方法问题。之所以重视这一问题，不仅是道德理论逻辑推演的需要，也是道德现象世界诸多非难的结果。以"帮助乞丐"为例：当我们从自己的"善心"出发去帮助一个乞丐，而不去判断其是否真的需要帮助和同情，是否应该得到帮助和同情时，结果就难免会出现"帮助不该被帮助的人"的道德悖论现象。确实，任何一个社会都应当提倡乐于助人、同情弱者的道德价值标准，但只有确实帮助了需要帮助的人，才具有真实的道德价值意义。要如此，就应当在"帮助"与"被帮助"之间建立起一种统一性关系，即将价值判断和逻辑判断结合起来，尽量规避道德教育悖论现象的出现。这就是在道德教育中所应该体现的方法和智慧问题，也是我们对"怎样做一个有道德的人"的回答。

通过以上阐述，不难发现，在道德教育价值实现的过程中，"为什么要做一个有道德的人"是认识前提，"做一个有什么样的道德的人"是选择标准，"怎样做一个有道德的人"是关键环节，这三者有机统一才能彰显道德教育的价值，才能科学揭示道德教育价值实现的规律，才能完整说明道德教育的理论与实践问题。

第二节　道德教育悖论现象生成的主体方面的原因

通过上述道德教育结构的分析及价值实现规律的揭示，可以发现，缺少整体视野认识的道德教育极易诱发道德教育悖论现象的出现。从哲学范畴来说，"'价值'这个概念所肯定的内容，是指客体的存在、作用以及它们的变化对于一定主体需要及其发展的某种适合、接近或一致"[1]，也就是说，"价值"这一哲学概念，其主要内容是表达人类生活

---

[1] 李德顺：《价值论》，中国人民大学出版社1987年版，第13页。

中一种普遍的主客体关系，这就是：客体的存在、属性和变化同主体需要之间的关系。[①]任何一方的缺位都会影响到价值关系的认定，同样也无法形成价值的实现及评价。这种演绎的逻辑同样适用于道德教育领域，即道德教育价值的实现离不开对主客体的考察。因此，我们首先来还原道德主体践行道德价值过程中导致道德教育悖论现象出现的主体方面的原因。

一、主体确认与体验道德教育价值的道德认知方式和思维方式所限

既然价值是客体属性对于满足主体需要之间的关系，那么道德教育价值就是道德教育对于满足人们需要之间的关系，而教育不过是道德的载体，道德是教育的内容，更为准确地说是道德对于满足人们需要的关系。因此，问题就进一步还原为人们是如何认知及体验道德价值的，这直接关涉人们道德行为的选择和践行，影响道德教育价值的实现。

要描绘中国传统的道德认知和思维方式的特点并不容易，这要追溯到道德的始点。而中国伦理思想史上，关于这个"始点"的探讨多是在"起源"而不是在"本质"的意义上展开的，所发表的意见多为起源论的意见而不是本质论的意见。而且，中国古人阐发道德的发生总是与"人性"的善恶与否纠缠在一起。如孟子认为，善者"……今人乍见孺子将入于井，皆有怵惕恻隐之心。非所以内交于孺子之父母也，非所以要誉于乡党朋友也，非恶其声而然也。"[②]而"人之性善也，犹水之就下也，人无有不善，水无有不下"[③]，显然这个"善"来自人的天性、本性。再如，荀子认为"生之所以然者谓之性"，"性"是"生之所以然"的东西——"饥而欲食，寒而欲暖，劳而欲息，好利而恶害，是人之所生而有也，是无待而然者也，是禹桀所同也"[④]，是人的生理和心理的自然本能。其后他赋予这种自然本能以"恶"的评价："今人之性，生而有好利

---

① 李德顺：《价值论》，中国人民大学出版社1987年版，第20页。
② 《孟子·公孙丑上》
③ 《孟子·告子上》
④ 《荀子·荣辱》

焉，顺是，故争夺生而辞让亡焉；生而有疾恶焉，顺是，故残贼生而忠仁亡焉；生而有耳目之欲，有好声色焉，顺是，故淫乱生而礼义文理亡焉……由此观之，然则人之性恶明矣，其善者伪也。"[1]不难看出，不论是"人性善"的论证还是"人性恶"的归纳，其共同点都是从人的自然本能来立论善恶，并将此作为道德的起点开启了教育的实践：要么以人在本质上是善的，因此我们不得不去帮助他们，使他们能够根据他们的本性去行动，要么以人在本质上是恶的，必须避免使他们依据他们本能的冲动去行动为教育的出发点，这两种先天假定总带有一厢情愿的色彩，就像齐格蒙特·鲍曼所说"都是错误的"[2]，其错误不在于假设这种方式，而在于假设的内容，因为孟子、荀子涉论的人性本无所谓的善恶，或者说，不善也不恶，这只是人类道德的自在状态。于是，在"人性善"价值假设的逻辑体系中，道德教育就是扩展"善端"的过程，因此，在道德价值选择和实现的过程中，道德主体只会"为仁由己"，带有强烈的"以我为中心""以我为标准"的主观倾向，而不会顾及自己行为结果的实际价值。因为人性善注重的只是行为者自身的善心和善举，却忽视了他方可能存在的恶意和虚假行动，从而导致道德教育价值结果出现善恶并举的现象。如果行为出现不良后果，人们也只会遵循"行有不得，反求诸己"的认识路线，检讨自己德性的缺失。这种"为仁由己"的单向面道德认知方式和思维方式最终使得以"人性善"为基础的德性主义传统价值观导引的道德教育在价值选择和实现的过程中会陷入道德悖论之中。其鲜明的悖论特质不妨借助"分苹果"的情境来呈现：

> 两个人分大小两个苹果，谁先拿、谁拿大的？在经验理性论者看来，问题的重心不在于谁该先拿、谁该拿大的，而在于事先必须有"分苹果"的规则。而在德性论者看来，谁先拿、谁后拿，谁拿大的、谁拿小的，这类问题最重要。如果谁先拿并且拿了小的，就是道德的，否则就是不道德的，这是它的规则。如此，德性论用假设的方式

[1]《荀子·性恶》
[2] 齐格蒙特·鲍曼：《后现代伦理学》，张成岗译，江苏人民出版社2003年版，第12页。

制造了一系列矛盾："先拿拿小"者不经意地把"不道德"的恶名留给了"后拿拿大"者，前者道德价值的实现是以牺牲后者的道德人格为前提、为代价的。假如"后拿拿大"者也是一个讲道德的人，则会出现这样的结果：两人终因相互谦让而拿不成，或者两人相让，旁人得利，使两人分苹果失去实际意义。假如"后拿拿大"者是一个不讲道德的人，那么"先拿拿小"者的行为就意味着姑息和纵容甚至培育了"后拿拿大"者的不道德意识——讲道德的良果同时造出不讲道德的恶果。

可见，如果不注意分析道德悖论的情境并提出相应的解悖方案，那么提倡"先人后己"的道德精神结果就会出现"先己后人"甚至"目无他人"的不讲道德的恶果。因此，不论是以"善"的假设还是"恶"的设计来演绎伦理学体系的逻辑起点，由以导引的道德选择或非道德选择，其善恶并存的后果都证明人类道德文明发展进步的历史轨迹既不是道德文本纪录和叙述的思想史，也不是社会生活中实际存在过的世俗经验史，而是人们基于道德现象世界善恶并存的事实的察觉下，不自觉地凸显善并"遮掩"恶的演进轨迹。①这种事实不影响"善"继续作为伦理学的主题，只是对"善"的认识需转换思维："善"不应当是"被给定的"，而是"被提供的"，伦理学的生命力不应局限于假设，而应在更广阔的现实生活的视野内寻求善恶的科学理解，那就是以道德生活经验为依托来认识和描绘道德世界。由此就开启了石里克所区分的两种伦理学之间的转向：由以往关注"事实上把什么东西当作行为的准则"的规范伦理学转向"为什么把它当作行为的准则"的认识伦理学。②要想充分认识这种善恶并存的事实轨迹，我们要放弃或善或恶的二律悖反的思维模式来设定"道德价值"，否则只能导致悖论或显或隐地大量存在，更理性的选择是具备悖论思维模式，准确传达道德教育的善的价值，抑制其"恶"的影

----

① 钱广荣：《道德悖论研究需要拓展三个认知路向》，《安徽师范大学学报》（人文社会科学版）2007年第5期。

② 参见莫里茨·石里克：《伦理学问题》，孙美堂译，华夏出版社2001年版，第17—21页。

响，这对一直以来缺乏批判精神和思辨习惯的道德教育是个挑战。

二、主体选择和实现道德教育价值的道德判断能力和实践能力

或许，解决了确认与体验道德教育价值的道德认知方式和思维方式时，我们会认为道德教育的价值终于可以实现了，这只能说明我们乐观低估了道德现象世界的复杂性，问题远远没有结束。根据道德教育价值实现的规律，"怎么样做一个有道德的人"的环节属于道德教育的方法和智慧范畴，这是道德教育价值实现的关键环节。而面对复杂多变的道德情境，显然认识论意义上的方法和智慧是无法为具体行为选择提供指引的，它必须转化为道德主体"正确认识、理解和把握利益关系境遇因而有助于道德价值实现的能力"[①]，也就是我们常说的道德判断能力和实践能力。

这种能力，是有效指引道德行为选择并实现道德价值的智慧。何为智慧？学界看法各有不同，如"智慧即对于真理的认识"[②]"智慧属于某种洞察或洞见，不是一般的认识和能力，而是一种'真知灼见'和'超凡能力'"[③]"智慧是一种辨析判断、发明创造的能力"[④]。表述各异，但其核心要义都表明智慧是"一种能力"。这种能力体现在道德文化体系中，则是当时代的文化人洞察伦理秩序和道德生活的现实要求，能够提出适应当时代进步要求的道德假设体系；展现在道德教育价值选择和实现中则表现为道德主体能够作出适应道德情境要求的行为抉择。这两种道德智慧存在的方式，致使道德主体不论是作为教育者还是作为受教育者，都有一个选择和实现道德教育价值的问题，即教育者的"教"和受教育者的"行"，都有陷入道德教育悖论的可能。

在进行道德教育的过程中，教育者必须面对如何阐释动态演绎的道德价值的问题。虽然道德一旦形成，便具有相对的稳定性，但道德毕竟

---

① 钱广荣：《中国伦理学引论》，安徽人民出版社 2009 年版，第 75 页。
② 张岱年：《中华的智慧——中国古代哲学思想精粹》，上海人民出版社 1989 版，序言第 1 页。
③ 转引自钱广荣：《中国伦理学引论》，安徽人民出版社 2009 年版，第 75 页。
④《现代汉语词典》，商务印书馆 1995 年版，1493 页。

是为了人，"道德的产生是有助于个人的好的生活，而不是对个人进行不必要的干预。道德是为了人而产生，但不能说人是为了体现道德而生存"①。因此，变化了的人的生活必然要求与此相适应的道德的出现，这需要对道德体系中的"某些道德"的价值进行与时俱进的解读。而这种解读对于正处在社会经济结构转型中的当代中国社会尤为迫切和必要。这种解读能力的要求对一向只以"事实性知识"传授为己任的教育者提出了挑战。没有良好的哲学素养及深刻的洞察力作为支撑的解读只会增添道德困扰。面对蓬勃发展的社会主义市场经济对道德教育理论和实践的双重冲击，学者们在"人心不古""世风日下"的感慨下各寻应对之策，有的主张回归传统，挖掘道德教育资源，掀起了一股"国学热"，有的跟踪西学、以后现代性来为现代性"把脉"……各种社会思潮兴起后留给道德教育的依然是模棱两可，如对"孔融让梨"类道德教育典故的争议：较为典型的是来自张亚惠的《孔融，你不该让梨》与孙欣的《孔融让梨 何错之有》的辩论，"理"没有越辩越明，反而让人更加不知所措；再如对"父子相隐"的论争：父子相隐是孔子的明确主张，但在今天法治社会，我们到底该如何对其进行选择和阐释？显然理论界激烈的交锋依然难解人们的心头困惑。而后现代的悲情主张在瓦解了主流价值的同时却缺乏建构，因此在颠覆和破坏了道德的普遍性和稳定性之后，也一并消解了道德教育存在的价值和意义，进入了价值相对主义的道德状态，这同样与道德教育的初衷背道而驰。这些现象也在一定程度上说明学者们对道德教育的素材、理论等资源缺少悖论式思维的认识，在终难为道德教育画龙点睛的同时却得面对其可能带来的无法消除的消极影响，也就意味着道德教育悖论现象的出现具有某种必然性、客观性。对此，教育者只能有限规避，而无法从根本上去除。

　　类似的情境同样呈现在受教育者的道德行为中。在演绎道德教育价值时，其实现并非完全取决于人的"纯粹德性"，而是取决于"德性"与"慧性"的统一。这种统一，集中表现在主体在追求道德价值实现的过程

---

① 威廉·K.弗兰克纳：《善的求索：道德哲学导论》，黄伟合、包连宗、马莉译，陈曾贻校，辽宁人民出版社1987年版，第247页。

中对其面临的客观环境和条件能够作出正确的判断，将价值判断和事实判断统一起来。在"为仁由己"的德性价值论视野下，这种统一基本不需要事实判断的参与，道德主体可以很容易地就实现"既定的道德教育价值"，同样也很容易诱发道德教育悖论现象的出现。而要尽可能规避此现象所带来的"恶"的影响，道德主体就必须对行为对象本身作出准确的事实判断，这不同于行为选择的意义是什么的价值判断，在特定的选择境遇中，前者是客观的，后者是主观的，主观只有合乎客观，道德教育价值才能实现。因此，道德主体必须发挥主观能动性、借助道德智慧去判断、识别事实的真相，要做到这些是很不容易的。在繁杂的道德现象世界中，经验、阅历是揭开遮掩在假象之中的真相的法宝。这种能力是需要正反经验累积的，即使如此，我们谁也不敢说自己拥有一双洞察真相的慧眼。这种后天能力的不足也是道德教育悖论现象不可避免会出现的主体方面的原因。

主体道德智慧与道德教育价值选择和实现过程中的"价值"和"意义"，不妨借以下案例来体现：

据《中国青年报》2000年9月3日报道：日前，"三封父亡电催不回"的武警驻江苏宜兴某部通信连新战士梁英文的"每周一星"荣誉被取消。

小梁是去年入伍的新战士，训练刻苦，工作积极。今年4月下旬，一封"父病亡速归"的电报送到他手上，可考虑到上级要对连队进行军事考核，他怕因自己的私事影响到连队的整体成绩，就将事情隐瞒起来。紧接着，梁英文又连续收到两封内容相同的加急电报，他都悄悄藏了起来。8月初，小梁的母亲来连队，这个隐藏了4个月的秘密才被揭开。小梁成了连队的"新闻人物"。许多官兵称赞他有觉悟。连队"每月一星"评选会上，小梁也因此成了"明星"。但评选会后，一些战士却提出了异议："父亲去世了回去看看是人之常情，当时连队并没有特别紧急的任务离不开，这样的'典型'我们学不了。"

这一争议引发了连队党支部的深刻反思，以前我们总是自觉或不自觉地把那些家庭有困难不管不问、个人有病不住院不休息的例子，当作生活中的典型让大家学习。其实，战士们在心理上并不能真正接受这种典型，反而会对他们产生一定的误导作用，甚至导致一些典型台上微笑，台下垂泪。连队决定，取消此次"每月一星"的评选结果。对此，官兵称之为求实之举，小梁自己也服气。

个人和集体的关系虽是辩证的，但在实际生活中，彰显和宣扬的"道德选择"则主要体现为个人服从集体。因此，在个人和集体的利益关系面前，小梁为了不影响连队训练的整体成绩，隐瞒父亲去世这一私事。这样的行为选择在日常道德教育中已经成为"惯例"，人们在习以为常的同时已经遗忘了为何要如此选择的自问，如此的惯例显然已经成为"教条"，在束缚和压抑人性的同时，让"道德"异化成自虐式的"牺牲"，如此评选的"每月一星"反而让官兵们感觉无法向其学习。正如战士们所说："父亲去世了回去看看是人之常情，当时连队并没有特别紧急的任务离不开……"。所幸，连队党支部最终对此问题有了重新的认识。应当说，类似的反思亟须在道德教育中刷新，对此，扈中平先生总结了道德教育和道德宣传中的几类误区：

（1）"有病不看型"——如因工作繁忙之类的原因，为不耽误工作而有病不看，最后延误病情而昏倒在工作岗位上甚至壮烈牺牲。

（2）"不回家过节型"——如为了加班、加点或为了关照他人，连续若干个春节放弃与家人团聚的机会而在工作岗位上度过。

（3）"不顾家人型"——如由于工作忙父母病危、去世而不去探望或奔丧，或者妻子生产不去陪伴，或者家人生病而未及时送医院就诊而耽误病情甚至造成终生遗憾。

（4）"发扬风格型"——如把本该属于自己的利益和荣誉让给他人，把本该由他人承担的错误和责任揽在自己名下。凡是劳动模范和英雄标兵，大都有上述之类催人泪下的典型事迹。而且，谁的个人利益越是牺牲得多，越是损失得惨，就越是道德，越是先进。①

看似"道德"的行为选择，却需要我们深入思考其"道德教育价值"实现如何以为行为选择为依据。

第三节　道德教育悖论现象生成的客观原因

一直以来，伦理学都归属于哲学视野，而和哲学有密切联系的学科，总显得深奥、抽象和枯涩，这种误解使得不少伦理学学者沉迷于文本研究，致力于体系构建而不闻现实生活的呼唤，唯恐回应现实的研究流于肤浅，这在很大程度上造成对伦理学极强的实践品格缺少关注、而实践却亟待理论指导的尴尬局面。或许，"道德理性形而上学的实践哲学转向"（程金生，深圳大学学报，2004年第2期）、"道德悖论的界说及其意义"（钱广荣，哲学动态，2007年第7期）"道德哲学的应用伦理学转向"（赵敦华，江海学刊，2002年第4期）等应用伦理学为代表的研究正是对此问题的理性回应。回顾应用伦理学的兴起与发展，为何在其基本概念、理论性质、应用理论还处在探索阶段就显示了强劲的生命力，这与其积极彰显伦理学的实践精神不无关系。在道德教育价值实现的过程中，我们需要关注这种立足实践来观照道德价值实现的研究路径，即能够对道德教育价值演绎过程中可能会出现和面对的影响道德教育价值实现的具体境遇、客观存在的制约因素作出利弊的分析，在优化组合和利用有利因素的同时化解不利因素的障碍作用。

一、道德教育价值实现过程中确定不利因素的制约

在人类伦理思想发展史上，人们一直致力于寻求普遍适应的道德法则，能够有效规范和指引道德行为的选择，满足对有序的生存发展环境

---

① 扈中平：《对我国道德教育虚伪性的批判》，搜狐教育，http://learning.sohu.com/20050214/n224293348.shtml。

的需要，到目前为止这种努力还是颇有成效的，只不过在共识的道德背景下必须忍受一定程度的道德价值虚妄。现在保持这种不完美的现状依然成为一种奢望，相对于各种改良的理论主张，后现代已然选择了瓦解道德的统一性、普遍性和稳定性的做法。虽然其在一定程度上造成伦理的消解，导致人们的诟病，但毫无疑问，它的那种道德相对主义的主张高扬了主体自由，强调道德评价与现实生存境遇相结合迎合了世俗的需要。在此，笔者无意就这种主张的对错进行辨析，但值得我们关注的是其中对生存境遇的强调。确实，这在一定程度上填补了以往道德评价中的空白。我们关注道德主体、道德客体及道德价值，但是却很少去关注包容这三者的生存境遇。也就是说，我们的道德评价要么是动机论、要么是效果论，却缺少对整个道德行为发生背景的考察。这种疏忽是很不应该的。一方面，道德的发生及其广泛渗透的存在方式决定了没有无关伦理的生存境遇，这种伦理境遇的存在对道德价值的实现会有怎样的制约却存在理论的空白；另一方面，"人的本质不是单个人所固有的抽象物，在其现实性上，它是一切社会关系的总和。"①那么对作为社会关系总和的人的道德行为的考察是不是也应该具有社会关系的视野？而这个社会关系产生的局域网就是道德行为的整个背景，即当时的伦理境遇。如此说来，在道德教育价值选择和实现的过程中，对具体伦理境遇的考察就成为一种必要。

境遇，顾名思义，即境况和遭遇。②境况是个中性词，遭遇的属性却需要琢磨一番，其含义在很大程度上将会影响到境遇之理解。根据博尔诺夫的见解，遭遇"这个词新的意义首先是在宗教领域获得的。以前人们也许是从一般意义上来谈论'宗教体验'的，而现在则说'与上帝遭遇'，以表达在这方面向人们呈现陌生的实在的特有强度，……它（陌生实在）以极大的强度作为陌生的东西呈现在人们的面前，而人们将痛苦地对待它"③。这赋予"遭遇"一种陌生的、痛苦的心理感受，"陌生意

---

① 《马克思恩格斯选集》第1卷，人民出版社1995年版，第60页。
② 《现代汉语词典》，商务印书馆1995年版，第601页。
③ 博尔诺夫：《教育人类学》，李其龙译，华东师范大学出版社1999年版，第57页。

味着与自己已有的认识和经验不符，意味着已有的能力无法把握，意味着不可捉摸，意味着无法掌控，意味着危险，所以才有痛苦……遭遇是突然降临的，具有不可预见性，无法实现谋划"①。此番注解显然有助于理解约瑟夫·弗莱彻的《境遇伦理学》中所要表达的意思。弗莱彻是美国当代著名的基督教神学家，在"境遇"的宗教学解读下，不难发现，境遇的"陌生"及其"痛苦"使之作为道德决断的依据必然也是无章可循的。因此，弗莱彻必然具有某种道德相对主义的思想倾向，如他提出道德决断时应以充满不确定性的境遇来考量行为选择的"境遇论"替换"律法主义"和"反律法主义"。律法主义是指"人们面临的每个需要做出道德决定的境遇，都充满了先定的一套准则和规章。不仅仅律法的精神实质，连其字面意义都占据支配地位。体现为各项准则的原则，不仅是阐明境遇的方针或箴言，而且是必须遵循的指令。"②依据这种方法，解决办法早已预先确定，道德主体的主动性只是去确认哪条律法而已，一切都在"掌握"之中。同律法主义截然相反的是反律法主义，"按照这种方法，人们进入决断境遇时，不凭借任何原则或准则，根本不涉及规则。这种方法断言，在每个'当下存在的时刻'或'独特'的境遇中，人们都必须依据当时当地的境遇本身，提出解决道德问题的办法"③。依据这种方法，不论是特殊知识的主张还是存在主义伦理学的观点，作为"反律法主义"的形式，它们都完全无视"普遍有效"的律法之存在，在宣扬境遇的"绝对特性"的同时将解决道德问题的主动权交给了道德主体，致使道德选择无规律、不规则，难以把握。这两种道德决断的方法都是弗莱彻所不赞同的，他主张采用介于这两者之间的无原则方法的"境遇论"来帮助道德决断。"境遇论者在其所在社会及其传统的道德准则的全副武装下，进入每个道德决断的境遇。他尊重这些准则，视之为解决难题的探照灯。他也随时准备在任何境遇中放弃这些准则，或者在某一境遇下把它们搁到一边，如果这样做看来能较好地实现爱的话。"④

---

① 高德胜：《道德教育的时代遭遇》，教育科学出版社2008年版，前言第1—2页。
② 约瑟夫·弗莱彻：《境遇伦理学》，程立显译，中国社会科学出版社1989年版，第10页。
③ 约瑟夫·弗莱彻：《境遇伦理学》，程立显译，中国社会科学出版社1989年版，第10页。
④ 约瑟夫·弗莱彻：《境遇伦理学》，程立显译，中国社会科学出版社1989年版，第17页。

这样看来，境遇论确实糅合了或者准确说借鉴了"律法主义方法"与"反律法主义方法"，以"爱"作为境遇中行为选择的依据，或者遵从律法，或者放弃律法。这种主张貌似超越了前者，实质上只不过以更高的原则或终极价值"爱"替代了所谓的"律法"，使之成为"爱"范畴下的子概念。因此，如果说之前的"律法主义"在宣扬一种道德绝对主义的话，那么，无疑"境遇论"更像是道德相对主义的"律法主义"，而所谓的"境遇论"只是点明了"律法"的合法性需要借助"境遇"来证明，或者说，它是对"律法主义"的纠偏和完善。他认为，"境遇伦理学有时同自然法相一致，此时它承认理性是道德判断的工具，而拒绝那种认为善是客观地'被授予'事物本性之中的观念。它有时同圣经律法相一致，此时它承认神启是规范的源泉，但除了要世人爱上帝的律令，它拒绝一切'神启'的规范或律法。境遇论者根据爱的需要而遵守或违反道德。"[1]可见，在"境遇论"中，"爱"是绝对价值，但"爱"的实现一定内蕴"境遇"的考量，也就是说，"爱"的实现是受客观因素制约的。诸如"'假如……施舍就是善举。'境遇论者绝不会说，'施舍是善举，没有二话！'他的决定是有前提的，而不是无条件的……倘若帮助穷人只会使他贫穷和堕落，那么，境遇论者便不予施舍而要另想办法"[2]。"如果在某一境遇中需要的话，我们就只有'被迫'不说实话；如果谋杀者向我们询问其谋杀对象的行踪，那么，我们的义务或许就是扯谎。"[3]

毫无疑问，《境遇伦理学》充满了浓厚的宗教色彩，包括其对"爱"的强调所导致的道德相对主义的倾向。其中"境遇"是问题的开始，"爱"是理论推演的落脚点，而最令人感兴趣的是作者由"境遇"启动的整个推理过程。其中对"境遇"在道德价值选择和实现过程中所扮演的角色的挖掘和塑造为我们归因道德教育价值悖论提供了新的视角。"境遇"可以理解为道德主体行为所处的既定环境和所具备的条件，也就是道德行为选择和道德价值实现的背景，不论是从对境遇的宗教学解释还

---

[1] 约瑟夫·弗莱彻：《境遇伦理学》，程立显译，中国社会科学出版社1989年版，第17页。
[2] 约瑟夫·弗莱彻：《境遇伦理学》，程立显译，中国社会科学出版社1989年版，第17页。
[3] 约瑟夫·弗莱彻：《境遇伦理学》，程立显译，中国社会科学出版社1989年版，第18页。

是基于有碍道德教育价值实现的考虑来看，它的客观存在及其对道德价值选择和实现的影响，都"要求我们必须弄清，为了真正做到有道德，怎样才'合适'"①。境遇伦理学则证明"在良心的实际问题中，境遇的变量应视为同规范的即'一般'的常量同等重要"②，没有对这个客观"变量"的应有认识和把握，就会与道德教育悖论现象不期而遇。

人们对这种现象显然已有认识：如《从保护孩子出发，应该摘下赖宁照片》③，但《摘下赖宁照片，对见义勇为的价值判断不能回避》④。

随着《北京市未成年人保护条例》自2004年1月1日开始实施，曾被评为少年英雄的赖宁的照片，纷纷从北京市的中小学校园的墙上被摘下。据校方称，这是为了增强中小学生的自我保护意识。

十几年前，年仅14岁的少年赖宁为了扑救山火而力竭牺牲。随后，赖宁作为"见义勇为"的少年英雄，被树立为全国青少年学习的榜样，他的照片也就被挂到许多校园的墙上。殊不知，向少年英雄赖宁学习的活动开展以来，全国已发生多起少年儿童因救火而牺牲或致伤的事件。

随着赖宁的照片被摘下，不仅表明我们的社会已经明确地意识到了对未成年孩子进行保护的必要，而且走出了过去那种不切实际地鼓励孩子"见义勇为"的误区，恢复了青少年教育中的理性态度和务实精神。

但摘照片的举动表明，对"见义勇为"的价值判决在某种程度上似乎正在被回避。然而，如何看待"见义勇为"的价值，尤其是让孩子们对"见义勇为"形成一个什么样的认识，事关教育方针实施和教育目标的制定，甚至事关民族性格，所以无法回避——这是一个必须

---

① 约瑟夫·弗莱彻：《境遇伦理学》，程立显译，中国社会科学出版社1989年版，第18页。

② 约瑟夫·弗莱彻：《境遇伦理学》，程立显译，中国社会科学出版社1989年版，第18页。

③ 吴忠：《从保护孩子出发，应该摘下赖宁照片》，新浪新闻，http://news.sina.com.cn/o/2004-01-16/11111604372s.shtml。

④ 郭之纯：《摘下赖宁照片，对见义勇为的价值判断不能回避》，人民网，http://www.people.com.cn/GB/guandian/1036/2296949.htm。

清晰的判断，是一宗必须甄别的价值，是一种必须明白的道理。

无论是北京市从《中小学生守则》和《行为规范》去掉"敢于斗争"和"见义勇为"两个词也好，还是撤下赖宁的照片也好，都是出于对中小学生身心特点、行为能力综合考虑后的一种谨慎，是一种"技术"层面上而非道德层面上的事情。但这只是细节的更改，也只能是细节的更改，根本不能"倒掉"见义勇为的精神内涵。见义勇为的勇气和行为无论在什么情况下，都是一种高贵的品质，"见义勇为"的精神不可稍有弱化。

确实，如何既鼓励孩子保持对赖宁的崇敬，又辅导他们加强自我保护意识需要教育艺术，如何向孩子解释当初对赖宁事迹的宣传与现在不鼓励仿效他的行为之间的矛盾，更是困难的任务。

对中小学生来说，见义勇为与否，有时候的确是个两难的选择。他们年龄小，体力智力经验值都不足，受到伤害的可能性极大，但此时正值他们人生观形成的关键时期，对见义勇为等概念的缺失也许会影响其基本的人生态度。鉴于此，教育者要尽可能多地告诉他们在具体场景下的应对办法，即如何"策略"地见义勇为；唯一不应该的就是回避这个问题。

如何根据"见义勇为"的境遇来选择道德行为对于道德教育来说同样是个难题，但发现难题总比回避难题要好。

二、道德教育价值实现过程中的影响因素

社会生活中的道德悖论现象不仅困扰人们的行为选择，同时其本身又对人们具有一定的教育和示范意义，具有道德教育的作用。但此类道德教育价值的实现则充满了不确定性。

案例1. 2006年11月20日，徐女士自称被正在下公交车的彭宇撞倒；彭宇则称是出于善意将自个儿摔倒的徐女士扶起，并与其亲属一

起送徐女士到医院，还垫付了200元的医药费，然而事后却被徐女士告上法庭。法院一审判决彭宇赔偿40%的医疗费，计45876元。①

案例2. 2009年2月22日，一名75岁的老汉在交站台下车时，一头从公交车后门跌倒在地，当场爬不起来，跟在身后的乘客都不敢上前救他，老汉大喊："是我自己跌的，你们不用担心。"听了这话，众乘客才上前救他。②

案例3. 2009年6月2日，一位七旬老人倒在地上，口吐白沫动弹不得，可是20分钟内，周围围了一圈人却没人伸出援手。后城管队员叫来救护车送其入医院……③

案例1是众所周知的"彭宇案"，最终以彭宇的败诉结束。但对于现实道德生活来说，这仅仅是个开始。这场关涉道德选择的法律审判本身就是现实生活版的道德教育，其产生的社会道德效应就是案例2和3的真实呈现。这应该是法院在宣布一审判决时没有预料到的社会后果。教育作用是法律较为显见的意图，显然，此处的"教育作用"让法律颇为尴尬：看似维护正义的法律判决没有实现伸张正义的道德价值，却成为"见义不为"的不道德范本被人们争相效仿。其中的悖论逻辑却缺少发现和关注，人们只是停留于悖论直觉来抒发、指引类似情境下的行为选择，于是类似案例2、案例3的有违公德、见义不为的现象屡屡发生。对此，人们只是满足于舆论谴责或满足于自发自愿的"世风日下""人心不古"的感性感慨，同时自己却不自觉地成了"世风日下""人心不古"的一种表象。如此，貌似"怪圈"的循环就此形成。

那么，悖论逻辑的怪圈出现的原因是什么？这还要考察"彭宇案"的后续影响，根据网民对此案的热议，不少人表示以后千万不能对老年

---

① 曾玉燕：《男子称扶摔倒老太反被告 法院判其赔四万》，搜狐新闻，http://news.sohu.com/20070906/n251994979.shtml。

② 朱宏俊：《老汉跌倒无人敢搭救，大喊是我自己跌的》，搜狐新闻，http://news.sina.com.cn/s/2009-02-23/071217268869.shtml。

③ 何明、于萍、李蓓超：《七旬老人晕倒南京街头20分钟，无一人敢伸出援手》，舜网讯，http://news.e23.cn.content/2009-06-04/200960400344。

人伸出援手，防止遭遇"彭宇式遭遇"。这已成为看似道德冷漠的人的无情理由。根据对类似案例 2 和案例 3 的考察，面对救援对象，不少人想救人于危难之间，但都被"好心人"劝阻了："别去扶他，当心赖上你，到时后悔都来不及了"。不难发现，看似道德冷漠地看客有着"彭宇式"遭遇的担忧致使他们也很无奈，担心好人做不成，反而被"讹"上，多一事不如少一事，不如安静地走开。但当这种顾虑和担忧不存在的时候，人们的道德热情还是不乏的，面对跌倒老汉"是我自己跌的，你们不用担心"的"承诺"，众乘客才上前救他。这说明，"见义不为"的不道德现象背后有着影响和阻碍道德价值实现的不确定因素，即道德主体面对需要救助却无良的道德客体实现道德价值又全身而退的可能性。如果说在以往道德价值实现的过程中缺少这种不确定因素的考量，那么随着这种不确定的不利因素在"彭宇案"（到底是撞人还是救人很难证实，但人们不自觉地都倾向彭宇是在救人）中因得到法律公认的支持而被彰显和强化，显然其已演变为明显存在的制约道德教育价值实现的不确定的不利因素。

第四章 道德教育悖论现象生成的
形上追因

　　形上或形而上学一语出自古希腊，是相对于形而下或形下而言的，原意为"物理学之后"（Metaphysics）。古希腊罗德岛的哲学教师安德罗尼柯将整理和汇编后的亚里士多德的哲学文集排列在他的《物理学》著作的后面，取名为《物理学之后》。后来，在西方哲学中，"物理学之后"一词便成了专指研究宇宙本体问题的学问的哲学术语。中文将它译为"形而上学"，意指研究那些有形事物之上，即关于超感性的对象的思辨学问。亚里士多德认为，"形而上学"的研究对象是"专门研究'有'本身，以及'有'凭本性具有的各种属性。这门学问与所谓特殊科学不同，因为那些科学没有一个是一般地讨论'有'本身的，它们各自割取'有'的一部分，研究这个部分的属性，例如数理科学就是这样做的。我们现在既然是在寻求本原和最初的原因，那就很明显，一定有个东西凭本性具有那些原因。如果那些寻求存在物的元素的人是在寻求这些本原，那些元素就必然应当是'有'的元素——'有'之所以具有这些元素，并非出于偶然，正是由于它是'有'。因此，我们也必须掌握'有'本身的最初原因"。①也就是说，形而上学一般要追问的是事物最初的原因或本有的、内在的原因，它决定着一事物之所是。如此看来，道德教育悖论现象作为一种客观存在的"形下事物"，其"背后"也有着决定其不以人的意志为转移的那种"最初"的或本有的内在的原因。那么，揭示、发

---

　　① 参见北京大学哲学系外国哲学史教研室编译：《西方哲学原著选读》上卷，商务印书馆1981年版，第122页。

现和说明它普遍存在的必然性及探讨排解道德教育悖论现象的基本理路就成为一种十分必要的有意义的事情了。相对于对道德教育悖论现象生成过程具体原因的分析，我们把对这些初始的、本有的抽象原因的追问，称之为"形上追因"。

第一节 道德教育悖论现象生成的意识形态 "基因"

道德，作为一种文明样式，其生成和发展演进无疑会受到一个国家一个民族生存和发展的自然社会环境的深刻影响，所以自古以来不同的国家和民族有不同的道德，正如黑格尔在谈到民族的精神现象和精神生活时所说："民族的宗教、民族的政体、民族的伦理、民族的立法、民族的风俗，甚至民族的科学、艺术——都具有民族精神的标记。"[1]这决定了道德有史以来总是表现为一种国情或国情的一个组成部分，它以"内涵的多样性和矛盾性""结构状态上的相对的独立性与渗透性""整体的稳定性"为基本特征。[2]

以培养"道德人"的途径和方式，尊重道德这种本质属性、顺延道德价值趋向的逻辑方向以展现其对于国家建设和民族文明进步的社会作用，历来是道德教育担当的社会使命。考察道德教育悖论现象，从根本上来说，必须追因至道德的意识形态属性。在马克思主义看来，科学、哲学、宗教、道德、文学艺术和政治法律观点，无不是精神生产出的观念产品，是从不同的侧面对社会存在的反映，是社会意识的不同形式。其中，属于社会上层建筑的社会意识形式组成为一定经济基础服务的思想体系，通常称之为社会意识形态，而不属于上层建筑的社会意识形式则称之为社会意识形式中的非意识形态部分。道德显然属于前者。因此，对意识形态特质、道德意识形态特质在道德教育悖论现象产生中作用的考察，就很有必要。

---

① 黑格尔：《历史哲学》，生活·读书·新知三联书店1956年版，第104—105页。
② 钱广荣：《中国道德国情论纲》，安徽人民出版社2002年版，第12—14页。

一、意识形态的特质

　　"意识形态"一词来源于希腊文的"观念"和"学说"。"理念世界"和"洞穴比喻"可以看作是柏拉图对意识形态问题的最初的思考。后来经过中世纪经院哲学的"洗礼",哲学被贬为解释神学、为神学服务的婢女,柏拉图的理念世界变形为奥古斯丁的"上帝之城",由此人类的精神陷入了错误的观念和思想的偏见之中。培根在1620年出版的《新工具》一书中提出了"四假象说"——"种族假象""洞穴假象""市场假象""剧场假象",意指错误的观念和偏见。在某种意义上,这可以看作是对经院哲学的揭露和批判。"培根认为,不仅人们的感觉经验是不确定的,易发生错误的,而且人们的思想观念也不可能是准确无误的。这样一来,就自然而然产生了一个问题:人们应当如何克服种种先入之见和错误观念,系统地形成新的、科学的观念?"[①]正如学界所普遍认为的,虽然培根的"假相"本意与当代意识形态的"虚假性"的属性有相通之处,"但这并不表明培根已经把握了'意识形态'的确切内涵,并明确地提出了意识形态这个范畴"[②]。但培根的这一提法显然是促使意识形态概念产生的重要推动力并在一定程度上反映了"意识形态"概念的一般含义,这在特拉西的"意识形态"概念中已有明确的叙述。一般认为,意识形态概念是法国学者特拉西在其《意识形态原理》(又译为《观念学原理》)一书中最早使用并从哲学认识论和政治伦理实践的双重意义上进行了规定,把"意识形态"界定为"思想的科学"或"观念的科学",如他就道德和政治科学的研究给国家研究所的倡议书中指出:"我宁愿采用'意识形态'的名字,或者应该用意识科学。它是一个恰当的名字,因为它没有隐藏任何怀疑和未知的东西;它的确没有给思想带来任何原因意识。它的含义对所有的人都是非常明晰的,只要认识法语'观念'一词,每个人都知道'意识'的含义,尽管很少有人知道它的真实含义到底是什

---

① 俞吾金编著:《意识形态论》修订版,人民出版社2009年版,第20页。
② 王习胜:《意识形态及其话语权审思》,《马克思主义研究》2007年第4期。

么。这是一个恰当的名字，因为'意识形态'是意识科学的文字转变"。①也就是说，在特拉西那里，"意识形态"是"科学"的代名词，是一种观念的科学，其目的是想通过对认识的起源、界限和可靠性程度等问题的深入研究和界定，形成一套认识论体系，"给出我们理智能力一个完全的知识，再从这一知识中推演出其他的所有知识分支的第一原则"②，以期为真正的经济学、政治学、法学、伦理学和教育学等建立起坚实的理论基础。同时，所有这些学科中的观念能够还原为人们通过自己的感官获得的感觉经验，换句话说，特拉西的"观念学"的意识形态的基础和来源是人对外部的感觉经验，"坚持从这样的基本感觉出发，就能准确理解经济学中的一系列观念，如分工、财富、价值、工业、分配、人口等等。同样，也只有从作为观念学的意识形态出发形成起来的政治理论，尤其是国家理论才是合法的，才可能给人民带来真正的，而不是虚假的幸福"③。通过"从观念还原到感觉"的方法，特拉西提出的观念学的意识形态的概念，"不仅标志着认识论发展史上的彻底的感觉主义性质的转向和革命，而且也意味着实践生活上的革命，即在拒斥宗教和种种神秘观念的同时，也必定会拒斥那些正在维护这么谬误观念的、旧的政治制度，特别是国家制度"④。因此，特拉西那里的意识形态不是一种纯粹的解释性理论，而是一种负有使命的拯救人类和为人类服务的、使人类摆脱种种偏见的科学。但这种见解在与拿破仑政权短暂的结合中不仅没有声名远扬还担负了"空想""虚假"的罪名："我们美丽的法兰西所经历的每一次灾难，都得归因于一种思想体系，即……把政治、立法建立在一种从第一原理推论出来的种种玄妙原理的形而上学上面，而不是使它适应于我们的人类心理知识和历史教训"⑤。由此，"意识形态"被斥之以"虚幻的形而上学"，其"自反的特性或'负性'"⑥展现无遗。

① 转引自张秀芹：《马克思意识形态理论的当代阐释》，中国社会科学出版社2005年版，第2页。
② S.Malesevic, I.MackKenzicedited. *Ideology After Post-strucralism*. London：Pluto Press，2002.
③ 俞吾金编著：《意识形态论》，人民出版社2009年版，第29—30页。
④ 俞吾金编著：《意识形态论》，人民出版社2009年版，第30页。
⑤ 王养冲、陈崇武选编：《拿破仑书信文件集》，上海人民出版社1986年版，第460页。
⑥ 戈士国：《拿破仑波拿巴的意识形态批判》，《马克思主义研究》2007年第9期。

　　应当说，拿破仑对观念学的意识形态的指责并非全无道理，单凭感觉经验是不可能在任何一门社会科学的研究中引申出正确的结论来的，观念在历史和社会生活中的价值和作用也总是有限的，尤其是依靠感觉经验来形成的观念。在经由黑格尔、费尔巴哈分别从不同的视角的批判后，意识形态概念的内涵和特征得到了进一步的认识和揭示。这些探索为马克思创立意识形态理论提供了直接的思想来源。因此，虽然马克思、恩格斯使用的"意识形态"与特拉西的"意识形态"并不是同一个概念，它是从否定的意义使用"意识形态"这个词并将青年黑格尔派的观点称之为"意识形态的"来表达对德意志意识形态的批判态度——"既然这些青年黑格尔派认为观念、思想、概念，总之，被他们变为某种独立东西的意识的一切产物，是人们的真正枷锁，就像老年黑格尔派把它们看作是人类社会的真正镣铐一样，那么不言而喻，青年黑格尔派只要同意识的这些幻想进行斗争就行了"①，但正如汤普森所说，"以观念反对观念，以言词抗争言词，而结果则是真实的世界毫无变化……看不到他们的观念与德意志社会—历史情况之间的联系，不能给自己的批判以任何实际、有效的力量"②。因为，"人们迄今总是为自己造出关于自己本身、关于自己是何物或应当成为何物的种种虚假观念。他们按照自己关于神、关于模范人等等观念来建立自己的关系。他们头脑的产物就统治他们。他们这些创造者就屈从于自己的创造物。我们要把他们从幻想、观念、教条和想象的存在物中解放出来，使他们不再在这些东西的枷锁下呻吟喘息"③。可见，马克思是在批判"抽象的""观念的""不真实的"意识形态的过程中形成了"一般意识形态"的看法："思想、观念、意识的生产最初是直接与人们的物质活动，与人们的物质交往，与现实生活的语言交织在一起的。人们的想象、思维、精神交往在这里还是人们物质行动的直接产物。表现在某一民族的政治、法律、道德、宗教、形而上学

　　①《马克思恩格斯选集》第1卷，人民出版社1995年版，第65页。
　　② 约翰·B.汤普森：《意识形态与现代文化》，高铦、文涓、高戈等译，译林出版社2008年版，第8页。
　　③《马克思恩格斯全集》第3卷，人民出版社2002年版，第15页。

等的语言中的精神生产也是这样。"①"意识在任何时候都只能是被意识到了的存在，而人们的存在就是他们的现实生活过程。如果在全部意识形态中，人们和他们的关系就像在照相机中一样是倒立成像的，那么这种现象也是从人们生活的历史过程中产生的，正如物体在视网膜上的倒影是直接从人们生活的生理过程中产生的一样。"②恩格斯也曾说，"任何意识形态一经产生，就同现有的观念材料相结合而发展起来，并对这些材料作进一步的加工；不然，它就不是意识形态了，就是说，它就不是把思想当作独立地发展的、仅仅服从自身规律的独立存在的东西来对待了。"③"批判的武器当然不能代替武器的批判，物质力量只能用物质力量来摧毁；但是理论一经掌握群众，也会变成物质力量。"④

　　显而易见，马克思和恩格斯所指的意识形态是由社会物质实践决定的，是人们对社会物质实践的一种理解和把握，而不是特拉西所说的"人对外部的感觉经验"。同时，意识形态也不是拿破仑所谓的"全然虚假"，而是具有相对独立性，表现为对社会存在的反映、维护或批判现实、调控社会和人的活动以及创造新的生活内容和形式等。这是由社会意识的内在本性决定的。一切事情是要人做的，"做就必须先有人根据客观事实，引出思想、道理、意见，提出计划、方针、政策、战略、战术，方能做得好。思想等等是主观的东西，做或行动是主观见之于客观的东西，都是人类特殊的能动性。这种能动性，我们名之曰'自觉的能动性'，是人之所以区别于物的特点"⑤。具体地说，人的活动中的预定的蓝图、目标、活动方式和步骤等，都体现着意识活动的目的性和计划性。意识活动的能动性和创造性充分体现在意识不仅能够反映事物的外部现象，而且能够认识事物的本质和规律，不仅能够"复制"当前的对象，而且能够实现对客观事物超前的、观念的改造。因此，由拥有这些内在本性的社会意识形式构成的意识形态既包含着对社会现实的实际情况的

①《马克思恩格斯选集》第1卷，人民出版社1995年版，第72页。
②《马克思恩格斯选集》第1卷，人民出版社1995年版，第72页。
③《马克思恩格斯选集》第4卷，人民出版社1995年版，第254页。
④《马克思恩格斯选集》第1卷，人民出版社1995年版，第9页。
⑤《毛泽东选集》第2卷，人民出版社1991年版，第477页。

反映，又包含着对现实的可能的未来趋势的理解和追求，这就是关于"本然"和"应然"的认识。前者属于关于社会的现实意识，它强调理解社会现实的必然性和稳定性，较多地显示出社会意识维护社会现实的功能；后者属于关于社会的理想意识，它侧重于反映社会的发展趋势和主体的要求，因而较强调社会现实的变动性，较多地体现着意识形态批判现实的功能。从总体上说，现实意识和理想意识、维护功能和批判功能有机结合于意识形态之中。如果只有现实意识而没有理想意识，只知维护而不知批判，就会失去改变现实、推动社会进步的精神动力；相反，如果理想意识脱离了现实和现实意识，企图单凭愿望主观随意地改变社会，就会成为不切实际的空想，或者由于盲目付诸行动而带来混乱和损失。一般来说，维护仅仅存在于性质相同的社会经济形态、政治形态和意识形态之间，而批判则有两种情况：一是在不同性质的社会经济形态、政治形态和意识形态之间，各种意识形态之间不可避免地要展开斗争，这也是意识形态的阶级性的表现；二是意识形态对与其同一性质的经济形态、政治形态进行的自我批判，其目的是通过批判以达到从根本上维护现实社会的目的，这是推动解决社会形态自身矛盾的精神的、思想的力量。不论维护还是批判都是意识形态评价功能的具体体现，前者是肯定的评价，后者是否定的评价。"所谓评价，就是主体在对客体属性、本质和认识规律的基础上，把自身需要的内在尺度运用于客体，对主体和客体之间的价值关系进行评判。……价值评价作为主体观念活动的结果，表现为人们对一定客体是否具有满足主体需要的属性所作的肯定或否定的判断。"[1]而在一定的社会历史形态中，"肯定"一般以"善"的姿态出现，"否定"一般以"恶"的形式出现。恩格斯在《路德维希·费尔巴哈和德国古典哲学的终结》中批评费尔巴哈"没有想到要研究道德上的恶所起的历史作用"，同时又指出"在黑格尔那里，恶是历史发展的动力的表现形式"[2]。黑格尔的辩证法是概念推演的辩证法，正如列宁所指出

---

① 李秀林、王于、李淮春主编：《辩证唯物主义和历史唯物主义原理》，中国人民大学出版社1995年版，第365页。

② 《马克思恩格斯选集》第4卷，人民出版社1995年版，第237页。

的，他在描述概念（逻辑）与实践的关系问题上的哲学智慧是一种"倒立的唯物主义"。①黑格尔关于善与恶的辩证法其实主要不是道德意识形态意义上的，他所说的"恶"，一方面表现为"对陈旧的、日渐衰亡的、但为习惯所崇奉的秩序的叛逆"，另一方面表现为"人的恶劣的情欲——贪欲和权势欲"。②实际上，对于道德意识形态来说，不论其善还是恶，在道德价值实现和评价的意义上都不是概念分析和演绎的思维逻辑，而是道德行为的实践结果。因此它向人们提出了"应当如何"的要求，同时也意味着哪些是"不应当"的，是要克服的。于是，在这种包含着否定性的应然性中，预示着理想性，如此，意识形态的批判功能就能通过"应当"的指向向善发展，从而担当社会发展的动力。

　　总而言之，维护和批判功能——从根本上来说，批判也是维护的一种表现方式，是为了更好地维护同一性质的社会经济关系，因此，维护功能是意识形态最为集中的反作用的体现，但是这种"观念形态"的抽象规定仅仅是主观的一种"自我确信"，是一种假说，正如黑格尔所说，"如果我们仅仅停留在肯定的东西上面，这就是说，如果我们死抱住纯善——即在它根源上就是善的，那么，这是理智的空虚规定……正好把它推上成为难题。"③因此，这只是意识形态价值实现的可能形式，这种善恶并存的价值初始状态的特性显然也鲜明地体现在道德意识形态之中。

二、道德意识形态的特质

　　马克思主义认为，意识形态的本质是人们的社会价值观念体系，即由人们的社会地位、主要是经济地位及利益所决定的反映人们的社会价值取向和历史选择特征的思想体系。它包括人们在社会一切价值生活领域中的立场、观点、主张等精神生活倾向，如艺术观点、道德观念、政治法律思想、宗教态度、哲学倾向等。这些组成意识形态观念体系的各

---

① 列宁：《哲学笔记》，人民出版社1993年版，第85页。
②《马克思恩格斯选集》第4卷，人民出版社1995年版，第237页。
③ 黑格尔：《法哲学原理》，范扬、张企泰译，商务印书馆1961年版，第145页。

种要素，大都有双重身份：一方面，它们都是一般意义上的科学，分别承担着提供各自领域内的理论知识和科学方法的任务；另一方面，它们又都是一定时代一定主体的社会意识形态的组成部分，分别在各自的领域和层次上为一定价值观念体系进行论证和指导，为维护一定的社会利益和社会理想服务。①道德的双重身份，前者要反映和揭示的是"伦理观念"，是在一定的"生产和交换的经济关系"的"物质活动"中自发形成的道德意识形式，属于道德经验范畴。人们怎样进行生产和交换，就会自发地产生怎样的"伦理观念"，并自然而然地形成道德经验，与调节"生产和交换的经济关系"及其"物质活动"直接相联系，却一般并不与"竖立"在经济基础之上的政治和法制（治）的上层建筑直接相联系。后者，即人们通常所说的"特殊的社会意识形态"，是道德以超验、假说方式反映经济关系的产物，并不与"生产和交换的经济关系"直接相联系，却以观念的上层建筑与政治与法制（治）等物质的上层建筑直接相适应，表现为对与之相适应的政治形态、经济形态的维护，从而实现社会的和谐。也就是说，它是在观念中以超验的方式即"假设、假说"来反作用于（维护与辩护）经济关系，导引人们在物质生产中所形成的现实的"伦理观念"及道德经验的走向，这种走向的超验性是道德意识形态区别于其他意识形态的鲜明特性。政治（包括法制）的干预和调整是国家颁布的强制性的规则，宗教的干预和调整是公之于世俗的偶像和信仰，文艺的干预和调整则是隐喻于形象和事件之中的美学形式等。因此，道德意识形态的"反作用"形式，既不同于强势的政治和法律，主张实行所谓道德政治化或法律化；也不同于宗教那样的信仰，主张个人选择以各人的道德信仰或所谓的"德性伦理"为依据。道德意识形态发挥社会职能必须经由假定的道德规范，通过在社会中提倡和推行，尤其是道德教育和道德建设，促使社会之"道"转化为个人之"德"，进而形成适宜的道德关系和社会风尚，才能真正展现其社会职能，发挥其巨大的社会作用。而假定的道德规范的立论基础一般都是超验的本体论的形而上学，通过哲学思辨的文本形式把现实社会的道德要求推到人之外的彼岸世界，

---

① 肖前、李秀林、江永祥主编：《历史唯物主义原理》，人民出版社1983年版，第274页。

或者追溯至人自身的内在"善端",从而赋予道德意识形态如同政治和法制"君权神授"那样的绝对权威性和"不言自明"的绝对真理性,由此而形成中外伦理思想史上诸多形态的道德形而上学本体论的意见体系。这种缺乏真理内涵和基础、带有虚拟和假说特性的道德本体论和发生论学说,其实只是关于"统治阶级的意志"的目的论形式,不过是以主观目的替代客观本体的一种人为选择而已。

具体来说,道德主要是调整人们之间及个人和社会之间关系的行为规范的总和,是一种依靠社会舆论、风俗习惯、人们的内心信念和教育起作用的精神力量。也就是说,道德直接反映人们在生产和社会生活中的相互关系,并使这些关系更全面、更细致地体现在人们的行为之中。道德所调整的社会关系是"特定的",诸如人与人之间的"人伦关系"、个人与社会集体之间的"公共关系"等,即社会关系中的伦理关系,并通过特定伦理关系的形成来体现道德于社会或人的发展和进步的积极影响。因此,作为维系和调节伦理关系方式的道德,其任务主要是"要从社会现象和人们的生活中揭示出伦理关系的本质和发展的规律性,提出维系和调节伦理关系的行为规范和原则,给人们提供必要的善恶标准和正当、高尚的生活目的;同时又要给人们指出实践的方法、方式,指出践行的途径和后果"[①]。这是意识形态"实然"与"应然"的属性充分反映在道德这种特殊意识形态中的写照。它一方面指出了道德的"实然"任务,即客观反映和真实揭示伦理关系的本质和规律。另一方面它提出了道德的"应然"追求,即在客观把握"实然"的基础上,给人们提供"应当如何"的行为规范,给社会发展提出正确的价值导向,发挥道德意识形态的维系和调节功能、批判和超越功能以利于安定团结、和谐有序的伦理关系的形成。但"'应当'不是人性自身固有的或纯粹理性的规定,而是主体对客观规定或要求的反映。任何事物由于其自身的矛盾而包含着否定性。因此,任何事物作为肯定都是一种规定。而由于其自身的否定性,同时也是对规定的否定,在发展中就意味着对规定界限的超越。这种对规定的否定关系就是'应当'。也就是说,规定本身由于自身

---

① 宋希仁:《伦理与人生》,教育科学出版社2000年版,第6页。

的否定性包含着应当，也就是包含着发展的要求，应当本身也包含着限制的规定。"①如此，这种建立在以正确反映客观事物发展的必然性和解决矛盾的必要性为根据的"应当"便具有了价值导向的作用。应当说，此番注解完成了"应当"的价值合理性的解释和论证，这也是道德一直以来总是以"应当"的面貌出现在世人面前的原因。它以鲜明的价值导向的姿态引领着社会舆论的走向、指引着人们信念的塑造，在充分发挥道德意识形态强有力的凝聚功能的同时，也一定程度显现出了道德理想主义的倾向，为道德教育实践中悖论现象的形成埋下了伏笔。

三、道德教育悖论现象生成的意识形态必然性

作为一种特殊的意识形态，道德的"应然"指向，在本质上是一种观念形态的精神、思想，这种精神、思想"应该是一种可以为公民确立信仰或信念的行为指南，为世人奠定生活在'当下'的意义和价值的基础，是一种帮助人们辨识纷乱社会现象的具有价值评判内涵的认识工具"②。因此，对于意识形态的教育，尤其是道德意识形态的教育各国从来都没有放松过，美国前总统尼克松曾说："如果我们在意识形态领域的斗争中失利，我们所有的武器、条约、贸易、外援和文化交流将毫无意义。"③但意识到意识形态的重要性并不等于意识形态价值的实现，实际上，道德意识形态本质上是一种假说的思想体系和行动路线，其内蕴的善恶张力及由之体现在道德意识形态中的"应当"使得道德教育悖论现象的生成具有了历史的必然性和实践的合理性。正是基于这种考虑，我们将意识形态于道德教育悖论现象出现中的必然性根由定位为"悖论基因"。

在道德价值体系中，实然与应然都隶属于价值的可能形式，面临着转向价值事实形式的挑战。而能否成功应对这个挑战，则要考察道德教

---

① 宋希仁：《伦理与人生》，教育科学出版社2000年版，第22—23页。
② 王习胜：《意识形态及其话语权审思》，《马克思主义研究》2007年第4期。
③ 理查德·尼克松：《1999：不战而胜》，王观声、郭健哉、李建英等译，世界知识出版社1996年版，第109页。

育如何来"劝善",也就是说如何让道德意识形态的属性尤其是"应然"的指向内化于人的信念之中。我们说,"应当"这种形式的存在虽然符合理论推演的逻辑,具有了合理性,但其内容的设定及作用的发挥必然是建立在"实然"基础上的一种假设或预设。如作为道德的逻辑起点的"人性问题,既是道德哲学,甚至是整个人文科学的起点,也是其终点,必须在伦理学和人文科学发展的整个过程中才能历史地获得理解和把握,但为了问题的探讨和体系的建构,又必须给予一个最初的预设。这是道德哲学的一个体系悖论……如果不借助直觉和良知,也许任何人文科学都难以建构。这些直觉和良知,就是一些基本的理念和信念"①。人类文明发展史表明,在这个问题上,不同的理念和信念秉持的文明轨迹并不相同,性恶论在古代、近代和现代,都是法治主义的人性基础,而性善论则是德治主义的历史起点。这说明,假设或预设必然要面临的就是来自理性设计下的内含着"悖论基因"张力的价值拷问。性善和性恶是一个问题的两面,前者高扬道德的可能性、后者指出道德的必要性,而可能性和必要性是道德哲学体系不可或缺的两个逻辑环节,但二者的前提却泾渭分明,由此必然导致以预设立论的道德哲学体系必然存在某种疏漏,道德悖论现象必然历史地生成于其中。具体来说,这可以从两个层面进行分析。

关于道德意识形态的生成有经验主义和德性主义两种推演路径。经验主义的逻辑基础是"人性恶",其推理程式是:人都是"自利"的,此乃"天赋人权",但如果每个人都只是为自己,那么人与人之间在利益关系发生矛盾的情况下势必就会处于"人对人是狼"的战争状态,即所谓"人人为私,则天大乱"②,结果每个人都难以"自利",因此必须要有"社会契约",这就在社会经验的意义上合乎逻辑地推导出必须要以超验和假定的方式"讲道德"(包括"讲法制")的结论来。这种超验的逻辑,在西方以霍布斯开创的近代以来的利己主义——合理利己主义为代表。德性主义的逻辑基础是形上预设的"人性善",其逻辑程式是:人的

---

① 樊浩:《道德形而上学体系的精神哲学基础》,中国社会科学出版社2006年版,第33—34页。

② 《老残游记》

本质都是善的，如果每个人都能做到"我为人人"，那么在全社会的意义上就会出现"人人为我"的道德盛况，一切不道德的问题都迎刃而解了。不难看出，经验主义和德性主义都会合乎逻辑地推演出逻辑悖论来，因为它们都内含"道德悖论基因"，使得善果与恶果同时出现的道德悖论现象成为社会道德生活中必然普遍存在的客观事实。这种假定和超越的道德意识形态及由其推定的道德价值标准和行为准则，一旦进入社会提倡和推行的实践活动就会受到实践主体道德认知和德性水准、道德智慧和道德能力等当下的不变因素及道德行为面临的对象、面临的环境和境遇等各种可变因素的影响，致使行为在推进过程中不可避免地会出现善与恶同时显现的情况，从而赋予道德意识形态以"道德悖论基因"。这在道德教育和道德评价领域表现得尤其突出。诚然，人的优良的道德品质是接受科学的道德教育和体验科学的道德评价的结果，那么，人的不良的道德品质与接受科学的道德教育和体验科学的道德评价有没有关系？人们习惯于将人的不良的道德品质的形成归于道德教育缺乏科学性、受到不良环境和品行不端的人的影响，总之与科学的道德教育和评价无关。然而，殊不知这种似乎无可非议的认知结论只要放进因果链中进行逻辑推导，就会陷入"先有鸡还是先有蛋"的迷茫之中。但是，如果我们运用道德悖论的方法来解读这样的问题就会迎刃而解。道德教育和道德评价，作为社会进行道德建设的价值选择，不论其是否科学都内含一种在实践的层面上必然生成道德悖论现象的基因。这是因为，道德教育和道德评价的必要性和科学性的立论依据并不在自身，而在于对其自身可能产生有效性的假定和预设，这种虚拟的肯定来自对教育和评价的对象及其所处环境的"有效性"的确认，而对象和环境总是存在差别的，这就注定道德教育和道德评价的必要性和科学性都必然是相对的，正是这种相对性致使道德教育和道德评价在立论基础和实践起点的意义上具有两面性，在实践张力的展现过程中必然生发善恶同现的悖论结果。如从心理学的角度来说，表扬是较为常用的方法，一则是对道德主体的激励，二则是对该行为的推广。但如此一来，问题可能就会出现意想不到的"质"变，可能诱人作假，图谋虚荣，违背表扬的初衷。正如康德所说，如果不是出于道德的动机，而出于利益的考虑而劝善行善，那么，就会"从源头上污染道德"，从而导致伪善。樊浩先生更是认为"道德最危险的敌人不是恶，而是伪善。所以，所有的伦理学体系必须讨论伪善，道德行为必须拒绝伪善。"①如此来看，"伪善"是一种与道德教育不相容的"恶"，是违背道德教育初衷的，但从另一层面来说，"伪善"也可能是一种道德智慧的表现，如钱广荣先生认为，"伪善"就动机而言其善是伪善者装出来的，而就语言或行动而言其善则是可视的，甚至是实在的，并可能会在他方出现善果。伪善者道德价值判断的逻辑可解读为"因为要实现个人（集体）的目的，所以要给他人以一些好处（施善）"，或者解读为"只有给他人（集体）一些好处（施善），才能达到个人（集体）目的"。这表明，伪善者一般不会给他人或别个共同体带来损害，但却能够实现个人或个人所代表的共同体的目的，这叫"两全其美"或"各得其所"。从学理上来分析，伪善品质属于工具理性范畴———讲道德是为了自己或自己所代表的共同体，与合理利己主义、集团利己主义存有某种相似之处，其理性虽然不是那么"纯粹"，但是其道德价值却是明显的。就是说，利己之心及由此出发选择的"伪善"行为，因不妨碍他人和社会而应视其为一种善。②由表扬到伪善的出现，其悖性鲜明可见，对此，我们要做的不是因噎废食，而是要揭示和认识道德教育在实施过程中必然会产生道德悖论现象的客观规律，同时在操作设计和安排上加以改进，尽可能缩小其负面（"恶"）影响。正如索尔·斯密兰斯基指出的那样："一些道德悖论在同时代的分析伦理学的思考中起到了重要作用，但相对于悖论在哲学其他学科领域中的广泛研究，研究道德悖论的中心问题及对它们的揭示是缺乏的。"③认识不到这一点，不仅会失去主动适应和驾驭道德选择和价值实现的客观规律，自觉地推动道德文明的发展和进步

---

① 樊浩：《道德形而上学体系的精神哲学基础》，中国社会科学出版社2006年版，第407页。

② 钱广荣：《浅析人的虚伪品质——兼析道德教育中的悖论现象》，《滁州学院学报》2009年第4期。

③ "A few moral paradoxes have played a role in contemporary analytic ethical thought, but awareness of the centrality of moral paradoxes as such, and concern for uncovering them, are rare。" (Saul Smilansky, *10 Moral Paradoxes*, Blackwell Publishing, 2007.)

的机遇，而且还会陷入"道德困惑"，渐而走向"道德冷漠"，最终动摇人们对道德价值和道德进步的信念与信心，诱发道德悲观主义，放弃道德进步和道德建设，社会则可能因盲目地"加强"道德教育和道德建设，陷入虚假的形式主义的"道德繁荣"。

第二节　道德教育悖论现象生成的文化追因

文化是人类为了适应和改造自己的生存环境而进行的精神生产的产物，包括风俗习惯、行为规范及各种社会意识形态在内的复合体。在通过政治法律思想、道德、艺术、宗教、科学、哲学等理论化、系统化的社会意识形态来体现人对世界、社会及人自身的基本观点和反映人对外部世界认识和改造的广度和深度的同时，文化自身就具备了认识功能，主要是为认识提供人类自身创造的文化符号系统、科学抽象系统及概念解释和理解系统，但反过来文化又制约和规范着人类的认识过程。也就是说，同为文化的组成部分、发挥各自作用的文化因素之间有合力、有张力，这造成文化系统内部有趋同的价值观念，也有因对社会存在的不同反映而导致的相异甚至相悖的价值观念，体现在道德教育实践中就有了类似于"父子相隐"类的道德与法律相悖的尴尬现象。因此，考察文化特性、道德文化特性在道德教育悖论现象形成中的作用，同样也很有必要。

一、文化的特质

文化一词，据考证，在中国语言系统中古已有之。"文"的本义，指各色交错的纹理，后引申为美、善、德行之义，如《礼记·乐记》："礼减两进，以进为文"，郑玄注"文犹美也，善也"。"化"的本义为改易、生成，指事物形态或性质的改变，后引申为教行迁善之义。"文"与"化"并联使用，较早见之于《易·贲卦·象传》："刚柔交错，天文也。文明以止，人文也。观乎天文，以察时变；观乎人文，以化成天下。"这段话是说，治国者须观察天文，以明了时序之变化；观察人文，使天下人遵从文明礼仪，行为止其当止，其中"以文教化"的思想已十分明确。西汉以后，"文"与"化"合成一词，如《说苑·指武》："圣人之治天下也，先文德而后武力。凡武之行，为不服也。文化不改，然后加诛"；《文选·补之诗》："文化内辑，武功外悠"。至此，汉语系统中，文化的本义就是"以文教化"。在西方，文化一词源于拉丁文"cultura"，指对土地进行耕种、加工、照料和改善，含有在自然界中劳作取得收获物的意思，后来又扩充了对理智、对人也要进行加工的含义，在知识水平、教育程度、思想修养的意义上使用。可见，东西方"文化"的初始含义虽有不同，但几经创造和演化，还是形成了对文化的"一般性"的基本共识，即"文化是人类在改造世界包括改造人自身的对象性活动中所展示的，体现人的本质、力量、尺度的方面及其成果，是人类所创造的'人工世界'及其人化形式"[①]。也就是说，文化是由人创造的、为人所特有的东西，一切文化都是属人的，在"文化"（准确地说，是"人化"）的过程中，体现和实现着人类自身的种种价值观念，诸如政治法律思想、道德、艺术、宗教、科学、哲学等。这些价值观念的生成，一方面彰显了人类作为价值主体的那种无限性，但同时也折射了作为认识主体的人类的那种有限性，这种有限性的性状即表现为文化悖论。而何为文化悖论？我国文化学者司马云杰认为：

　　……所有这些文化，都是人类创造的，可以说从它们产生那一天开始，都包含着自我相关的矛盾性和不合理性，包含着自我相关的价值、功能上的悖谬；或者说这种矛盾性和不合理性，这种价值、功能上的悖谬，也就存在其自我相关的条件中了，并且随着时间的推移，不断地反向运动、转化，从而就给人类带来了悖谬和不合理性。特别是当这些文化作为一个包含价值和意义悖谬的现象世界不断建构人们错误意识、思维方式并使之日益强化、滥觞及深层结构化的时候，也

[①] 李秀林、王于、李淮春主编：《辩证唯物主义和历史唯物主义原理》，中国人民大学出版社1995年版，第408页。

就使人的价值判断、选择了非理性和非逻辑，从而表现出许许多多的荒唐行为。……文化的这种悖谬，不是形式逻辑上的，而是辩证逻辑上的，价值思维方式上的，认识论上的，按其本性是文化本身的内在的矛盾性、不合理性及价值功能上的悖谬在人类认识上的反映。

思维的悖谬、行为的荒唐，首先是文化的存在及其价值的悖谬与荒唐，从这个意义上说，文化的存在是先于人的本质的。文化悖论自然应该首先研究文化本身所包含的价值悖谬。但是文化是人创造的，它的价值悖谬也包含着的价值思维方式的悖谬，从这个意义上讲，没有人本质上的悖谬也就没有文化存在的悖谬。因此，文化悖论只研究文化本身的价值悖谬是不行的，还应该研究人类自身在文化创造、积累、发展过程中的思维悖谬及认识论上的错误。文化世界一旦被创造出来，它的存在也就永远先于人的本质了，也就对人的本质有着规定性了。因此，文化悖论作为文化价值悖谬的认识论研究，并不是一般地研究各种文化价值的悖谬及不合理性，而更为主要的是研究充满价值悖谬的文化现象世界是怎样建构人错误意识的，或者说是研究文化创造、积累、发展中人类价值思维悖谬的发生、同构、强化、增殖、滥觞、深层结构化的文化历史过程以及它们怎样成为理念的非理性思维、非逻辑的逻辑运动的。[①]

而曹世敏先生则从文化发生的机制出发，论述了文化的"悖论"底蕴：

文化的发生机制是什么？日本学者石川荣吉在《现代文化人类学》中提到了这种机制，即一种区别于自然的"划分—禁止"机制。具体说来，早期人类的工作本身，不是自然运动本身。从早期人类的一种特殊的活动中，可以充分地体会到了人类活动与自然运动的差异，这就是祭祀，这种特殊的日子起到了巧妙地划分工作的作用，大部分祭祀都是为了纪念一项工作的结果，在这项工作完成时进行的。

---

① 参见司马云杰：《文化悖论》，山东人民出版社1990年版，第1—3页。

祭祀一开始，就不得进行该项工作，而下一项工作也必须在祭祀结束后开始。这样，祭祀就使得不同于自然运动的人类活动或文化活动发生了。按照自然的规律来看，在祭祀的日子里是可以进行劳动的。就种植而言，虽说耕耘有适宜的时间，但从自然条件来看，同时进行下一种作业是可以的，在作业的经济价值方面，更有效的做法也是可以的，对次要的作物也可以同时种植。为什么人们不去进行呢？这就是文化不同于自然的地方，或者说，就是文化的本性。

……或者说，"划分—禁止"机制就是文化的本性。自然的运动本来是一条平滑的曲线，因为"划分—禁止"，文化成为一条与之相应的连续的"折线"，折线与曲线的区别，在于折线是由一个一个"节点"组成的。人类的祭祀活动就是一种节点。事实上，人类的习俗、节日、节气等都是这样的节点或"禁忌"，这些节点集中体现了"划分—禁止"的意味。……"划分—禁止"使文化成为文化，文化之所以成为文化，在于人类人为地"分类"，分类之"分"就是划分，分类之"类"就是禁止，划分是一种"比较"，禁止是一种"类型"，而"分"与"类"的组合正是文化的悖论。①

他和司马云杰先生的认识并不相同，前者是从存在论意义上生发的文化悖论，后者是从认识论层面上展开的文化悖论，理解路径虽有不同，但指向却是一致的，即悖论是文化的一种本性、一种特性，同时，二者理论推演的路径——存在论和认识论，相互补充、有机统一于事物自身之中，因此，与其说这两种观点互不相同，不如说相映成趣、互为借鉴，为我们准确认识和把握文化的属性提供了参考，同时也对我们思考作为文化系统内部构成要素的道德的特质有所帮助。

二、道德文化的特质

文化从不同角度可以进行不同的分类。从文化自身涉及的领域看，

① 参见曹世敏：《道德教育文化引论》，南京师范大学博士学位论文，2003年。

可以分为物质文化、行为文化、精神文化。精神文化是人类的文化心态和精神活动的对象化，包括人们的文化心理和社会意识诸形式。①道德显然属于精神文化领域。悖论是文化的特性，道德是精神文化的一种表现形态，必然也具有悖论性。这种悖论性状的出现既有存在论意义上的要求，也有认识论意义上的规定。正是基于存在论"划分—限制"的文化生成机制，才有了对各种社会意识形式分别归类的文化认识，才构成了人类的文化谱系；同时，正是认识论关于主体对客体的能动的、创造性的反映的文化认识功能，才彰显了人类的自我意识能力，才形成了"人化自然"。前者是后者的基础，后者是前者的延伸。如果说，前者为不同民族、区域、世界的文化形态的相互理解提供了人为的"悖论"障碍的话，那么后者就为在同一民族、区域的文化系统中的不同的社会意识形式相互间的理解设置了"悖论"障碍，如道德文化悖论。

在人类社会发展和演变的过程中，随着社会物质生产劳动的萌芽、分化、形成、发展和演变，人类意识也是如此。在一定意义上可以说，有人类社会就有社会意识，但社会意识形式不同于社会意识，是在人类劳动、思维能力和社会意识的发展达到一定水平时才出现的，也就是说，社会意识形式是在劳动和整个社会生活发展的基础上发展起来的，在不同条件、不同方面和不同领域的社会生活区分的过程中形成的有明确分工和相对稳定形式的意识活动的方式。因此，社会物质生活的多样性决定了社会意识形式的多样性及其各自反映方式的特殊性，如道德是依靠社会舆论、风俗习惯和内心信念起作用的精神力量，法律则主要通过既定的法律条文来规范外在行为。这些社会意识形式虽然有不同的内容、形式、地位、作用和历史过程，却不是彼此孤立的，它们的基础和来源都是社会物质生活，反映、调节和维系的对象是同一个社会生活整体，因此，各自从不同侧面以不同方式发挥作用时，必然又是相互补充、相互渗透的。但既然有形式之分，就有功能之别，反映在文化系统内部就是不同社会意识形式之间的矛盾统一，而对具体的情境来言，难免会出

---

① 李秀林、王于、李淮春主编：《辩证唯物主义和历史唯物主义原理》，中国人民大学出版社1995年版，第410页。

现相悖的价值取向，从而造成悖论现象的出现。

在文化体系中，道德与法律虽同属于行为规范的范畴，但道德一般是以"善"与"恶"这对基本范畴来扫描和评判社会生活现象，导引人们的行为选择，法律则一般是以"权利"与"义务"这对基本范畴来确认和规范社会生活中的行为权限。但它们的背后有着异曲同工的生成路径，即在对同一个问题的不同回答中衍生出具有不同价值诉求的文化形态，并生成了各自的概念解释和理解系统。所以樊浩先生说，道德与法律的现实协调或生态互动不论是在规范的意义、价值的意义、还是效力与秩序的意义上都会遭遇到现实的困境而难以真正实现，只能在抽象的思辨中才能实现。[1]这种看法显然不是一家之言，在论述"什么是道德"时，美国伦理学家雅克·蒂洛借助于法律的比较也表达了同样的认识："……运用理性反思，把道德同人类活动与经验的另外两个领域——法律和宗教相互区别开来。人们常常把道德混同于这两个领域，把道德视为两者的一部分。……有些法律的道德含义较少，不过，法律和道德的关系完全不是相互补足的关系。合乎道德的事不一定合法，反之亦然。这就是说，如前所述，你会看到道德上不公正的法律。此外，人的某些行为可能被认为是完全合法的，但在道德上却颇可怀疑。"[2]最后，雅克·蒂洛作了这样的总结："两类'东西'常常完全一致，但也常常不一致。……法律把道德编为法典，为道德提供支持；而缺乏道德或道德含义，法律法典便空洞无力了。"[3]显然，这种"空洞无力"的空间极易发生悖论现象。而由以导发的问题即"人性"如何设定，是中西道德哲学不约而同的起点，区别在于对人性的不同把握方式及形成的人性理念。对此，中国道德哲学坚持对人性的实践理性把握，认为人性不是一种概念，而是一种理念，是关于人的理念；对于人的本性的把握不是一种知

---

[1] 参见樊浩：《道德形而上学体系的精神哲学基础》，中国社会科学出版社2006年版，第83—84页。

[2] 雅克·蒂洛、基思·克拉斯曼：《伦理学与生活》，程立显、刘建等译，世界图书出版公司2008年版，第19—20页。

[3] 雅克·蒂洛、基思·克拉斯曼：《伦理学与生活》，程立显、刘建等译，世界图书出版公司2008年版，第22页。

识，而是一种信念，一种关于人的信念。对于人性的把握，不是科学的
认识，而是伦理的认同；不是纯粹理性的思辨，而是情感的体验。①中
国道德哲学在人性问题上的立场和态度，即具有鲜明的价值预设倾向，
并分别以人性之"利他"与"利己"作为"善"与"恶"的取向与分
野，这种价值设定规定和指引了人们努力的方向，但在凸显"利他"这
种善的价值的同时因其"应当"属性的遮掩导致"预设"之善已然成为
"事实"之善，在高扬了主体的道德义务的同时因"利己"的合理性的
缺失导致"道德权利"的文化缺场，从而导致整个道德文化中主体之价
值的体现（"体现"与"实现"不同，前者属于道德评价范畴，后者属
于道德活动范畴）依托道德客体来"成全"，而不是经由道德客体来反
证，这已经成为人存在的一种方式，这种方式显然缺少"主体"地位和
权力的保障。也就是说，在道德评价问题上，"人性善"的先验假说存
在着某种先天不足，以"应当"来代替"事实"作为善的出发点，必然
高扬了道德义务、回避了道德权利，造成道德权利与义务的人为割裂。
这种权利与义务的脱节与不对等、强调权利空场义务的价值取向恰是中
国传统伦理思想和道德文化的典型特征。与此相反，法律体系的人性基
础是恶，其演绎的路径不妨借助西方完备的法律体系来展现。相对于
"人性善"在中国取得的压倒性优势的地位，"人性恶"则在西方获得了
广阔的市场，并在一定意义上成为道德与法律生成的依据。"人生来就
是一种自私、难以驾驭的动物。人类行为，不论是出自生命自保的冲
动，抑或是为个人荣誉感而产生的善举，其动机都发端于利己心。所有
的一切行动、一切美德，都起源于这种利己心，没有任何力量能够消灭
人类的这种自利本性"……不论在自然状态下或在社会状态下，这种本
性都是不变的。一切利他的或仁爱的德行，实际上只是想获得他人的赞
美和避免受到谴责，因而不过是利己主义的伪装②。"同工"的是，这种
"自利""自私"在西方文化中同样界定为"恶"，"异曲"的是西方选择

---

① 樊浩：《道德形而上学体系的精神哲学基础》，中国社会科学出版社 2006 年版，第 31 页。

② 伯纳德·曼德维尔：《蜜蜂的寓言——私人的恶德 公众的利益》，肖聿译，中国社会科学出版社
2002 年版，中译本序言第 4—5 页。

了从此出发，"道德被解释为自然人侵略他人的欲望和自然人对他人侵略他们将造成致命后果的畏惧这两者之间的一种必要的妥协。相互的自我利益导致人们结合起来建立约束性规则来禁止侵略和贪婪，并且以强有力的执行机构来制裁那些破坏规则的人。这些规则中的一部分构成道德，其他的就是法律"①，并通过抑制利己的"人性恶"来保全和维护个人权益的契约式的法律制度、完备的法律规范的形式来明确和保证个人权利与义务的界限。也就是说，法律是维护权利与履行义务的统一，其基本价值诉求是"公平""公正""平等"，因此，法律面前人人平等。法律由以立论的路径东西方可能各有不同，但其塑造的价值追求却具有某种共识与普世，其受情境的影响和制约相对来说较少。而这些都与道德有着明显的不同，甚至相悖：一方面，在价值取向上，道德以"利他"为善之出发点、"自利"为恶之内涵，凸显义务、回避权利，这与公平、公正的法律精神显然不同；另一方面，在情境设置上，"道德的"行为在不同的境遇下有着不拘一格的解释，当它们遭遇在同一个社会现象中，难免出现行为抉择的两难，陷入左右为难的尴尬境地。也就是说，道德和法律的伦理精神、价值基础的背景知识不同，共处特定情境中时，对情境的解读出现相悖的现象不足为奇。

三、道德教育悖论现象存在的文化必然性

文化的重要功能之一就是教化、培育和塑造人，即通过知识体系、行为方式等规范人的行为，使人有效地适应社会环境和人际关系，成为社会的人。这种宏观的规划显然需要借助微观的运行来实现，因此，对于道德文化来说，其"文化"的一个重要途径或方式即道德教育，换句话说，道德教育本身也是文化的一种形式。悖论是文化的特性，作为"文化"途径的道德教育必然也具有悖论的特性，因此，道德教育悖论现象的存在就具有了文化的必然性。

不论是什么理论主张的道德教育，所要培养的"人"都应是现实的

① 阿拉斯代尔·麦金太尔：《伦理学简史》，龚群译，商务印书馆2003年版，第44页。

而非抽象的，是实践的而非理论的，也就是说，道德教育所要培养的人不是"美德袋"，而是能够准确理解和灵活运用美德"能力"的人，这种观点即使在亚里士多德那里也同样适应。在论述德性是什么时，亚氏认为，德性既不是感受，也不是潜能，而是一种品质，即"我们由之对那些感受持有美好或恶劣的态度，以激怒为例，如果过于强烈，或过于软弱都是坏态度，如果适中那就是好态度。"①这种好态度即"中庸"之道，具体来说是在"过度"和"不及"两种恶事之间，因此，它显然"是一种具有选择能力的品质，它受到理性的规定，像一个明智人那样提出要求。"②"在亚里士多德看来，真正的明智是认清在任何情况下必做的正义之事的能力。所以，一个人必须判定'真正明智的善人'在面临道德选择时的必然选择，然后做正义之事"。③这些都充分说明，道德教育所要赋予"人"的应是一种体现为"能力"的品质。而对于道德教育实践来说，这种能力即体现为道德思维方式的培养。何谓道德思维方式？根据法律思维方式的定义——"所谓法律思维方式，是指按照法律的规定、原理和精神，思考、分析、解决法律问题的习惯与取向，"④我们可以此推演道德思维方式的理解：所谓道德思维方式，是指按照道德的规定、原理和精神，思考、分析、解决法律问题的习惯与取向。如此，问题就很清楚，一直以来，不论是在事实还是应当的层面，道德教育所赋予人的存在方式都是以道德思维方式的生成为标签。但这种基于"划分—限制"的生成机制及司马云杰所揭示的"文化悖论作为文化价值悖谬的认识论研究，并不是一般地研究各种文化价值的悖谬及不合理性，而更为主要的是研究充满价值悖谬的文化现象世界是怎样建构人错误意识的……"⑤，使得道德教育不得不面对与其预期的"善果"同现的"恶果"之生成。作为精神文化的一种表现形式，道德通过"文化"即道德

---

① 亚里士多德：《尼各马科伦理学》，苗力田译，中国人民大学出版社2003年版，第31—32页。
② 亚里士多德：《尼各马科伦理学》，苗力田译，中国人民大学出版社2003年版，第34页。
③ 雅克·蒂洛、基思·克拉斯曼：《伦理学与生活》，程立显、刘建等译，世界图书出版公司2008年版，第69页。
④ 本书编写组编：《思想道德修养与法律基础》，高等教育出版社2009年版，第197页。
⑤ 在建构错误意识方面，道德教育通过文化传递在一定程度上扮演了"内驱力"，至少是强化了这种意识的存在与生成。

教育形成道德思维方式并以之作为独特视角和概念方式来解读社会生活现象的时候，就意味着得出的结论也只能局限于道德立场。而现实生活却总是以整体的样貌呈现于我们面前，比如法律问题往往还包含着道德、经济或政治问题，要想识得其全局需要从道德的、经济的、政治的角度来思考和处理，但结果可能就会内蕴着矛盾与冲突。当然，在相当多的情况下，按照法律思维思考与处理问题，与按照道德思维、经济思维或政治思维思考与处理问题，会得出相同或相似的结论，但在某些情况下，则可能得出不同的结论。问题是，得出相同或相似结论的常态情形甚少引起人们的思考和关注，恰恰是某些情况下违反常态的"相悖"结论会淡化和消解着道德教育和法律教育的应有效果。类似这种道德提倡与法律规范间的内悖情况不仅不能发挥对问题全面和整体认识的合力，反而通过价值的内悖彼此内耗和消解了人们的道德和法律的双重信念。此种情形正如前文樊浩先生阐述的道德体系悖论生成之无奈。也就是说，道德教育通过思维方式的塑造确认了自身和社会的存在方式，而这种以"划分—限制"为基础生成的存在方式必然造成各种思维方式之间可能的排斥，人为地割裂了它们之间的有机联系，导致人们对整个社会生活的认识和反映各执一端、难以融合而失之片面。这也导致思维方式一旦形成将具有一定的保守性和惯性。一直以来，国人秉持的思维方式是以道德评价统摄社会生活领域中的一切现象，并由此形成了伦理型的传统社会，政治伦理化、哲学伦理化，包括艺术、教育等在内都充斥着这种价值精神。这在给我们提供诸多的道德资源的同时也为现代化的建设带来一定影响。在现代化社会的道德教育过程中，极易诱发文化间两难的悖论现象。

第三节　道德教育悖论现象生成的教育追因

关涉道德教育概念的理解方式一则从道德路径解读，一则从教育路径解读。理论界尤其是教育学理论界以构建"学科体系"的模式就道德教育的性质、对象、范围、功能、价值、规律、模式、方法、效果等基本问题进行了全面的探讨。虽然这些基本问题的研究不论在理论上还是实践上都尚未完全取得共识，但它们深刻影响了现代道德教育的总体样态和走向。纵观后现代主义对现代主义的种种责难与批判，不难发现教育学的这种研究倾向显然深受近现代科学主义、二元对立思维模式的影响。对此，教育学专家王逢贤深有所感，他认为"自人类进入工业社会和市场经济以来，物质对精神、科学对人文、人才对人格、人力资本对终极关怀的排斥及其'二律背反'现象，使人的思想品德和德育不仅备受冷落，实际上已近乎沦为工具和伪装"①。如果说这是德育的一种事实状态，感叹之余，我们不仅要问这样的境遇是如何形成的？当我们拘泥于时代背景和社会背景这些外在因素来探讨时，德育自身丧失了批判和引导功能、放逐了自身的理论品格和精神操守。因此，归因"二律背反"不得不回归到问题的始点，也就是对教育进行哲学的考辨。

一、教育的特质

在我国传统教育哲学思想中，"教"与"育"是分而治之的，如果说"教"还带有一定的规范色彩，那么"育"则含有明确的人文关怀的精神。故《说文解字》将其注释为："教：上有所施，下所效也"；"育：养子使作善也"。不难看出，"教"与"育"的共同价值旨在立人。在西方，教育一词源于拉丁文 educare，本义为"引出"或"导出"，意思就是通过一定的手段，把某种本来潜在于身体和心灵内部的东西引发出来。从词源上说，西文"教育"一词是内发之意，强调教育是一种顺其自然的活动，旨在把自然人所固有的或潜在的素质，自内而外引发出来，成为现实的发展状态。如果说中国的"教"和"育"从各自角度有所侧重地表达了教育目标的话，西方关于"教育"的理解则主要限定了教育方式，但不论是"养子使作善也"的教育目标还是注重"引、导"而非灌输的教育方式，都内含着鲜明的伦理属性与人文精神。也就是说，纵观东西方不同的强调与表达，教育的内在价值指向却是相通的，

---

① 张澍军：《德育哲学引论》，中国社会科学出版社2008年版，序言第1页。

即教育的本性应是一种指向"立人"的善。这种"善"的本质黑格尔在《法哲学原理》中曾作过具体的论述，他说："教育的绝对规定就是解放以及达到更高解放的工作。这就是说，教育是推移到伦理的无限主观的实体性的绝对交叉点，这种伦理的实体性不再是直接的、自然的，而是精神的，同时也是提高到普遍性的形态的。"①显然，黑格尔认为教育的本质就是解放，一方面将人从缺乏普遍性与合理性的自然质朴性中解放出来，一方面将人从充满主观性与任意性的自然欲望中解放出来，从而造就"有教养的人"。"有教养的人首先是指能做别人的事而不表示自己特异性的人，至于没有教养的人正要表示这种特异性，因为他们的举止行动是不遵循事物的普遍性。"②"教育就是要把特殊性加以琢磨，使它的行径合乎事物的本性。"③因此，"有教养的人"的特性就是达到普遍性与特殊性的结合，也就是实现人的伦理性的创造。而同样的认识也反映在英国教育学家约翰·怀特对"什么是受过教育的人"的论述中，他说："受过教育的人从拓展的意义上考虑他的自身幸福，他把个人幸福推及他人，把幸福溶入一种道德高尚的生活之中。这不同于把拥有知识作为受过教育的人之主要特征的观点，它把美德放到中心位置。受过教育的人是这样一种人：他倾向于某些行为方式而不倾向于另一些行为方式；他具有诸如审慎、关心个人利益等一般性的品质（也包括派生出的诸如勇气与克制等品质），如果从更广泛的角度考察，还应该包括那些更具有道德意味的品德如仁慈、公正、诚实、宽容、讲信用。"④这种"善"贯穿于人类社会发展的历史长河之中，但其内容和形式却承载着历史变迁的轨迹，换句话说，教育观念在不同的时代、不同的民族会有不同的动态反映，同时随着社会生产实践的发展和社会需要的变化而自我调整、及时更新，这既是教育善之本性的体现，又是善之本性的要求。如果将教育置身于人类历史发展的过程来说，教育的本性即教育的终极关怀问题，这是教育目的；而在社会发展不同阶段的教育观念应是

---

① 黑格尔：《法哲学原理》，范扬、张企泰译，商务印书馆1961年版，第202页。
② 黑格尔：《法哲学原理》，范扬、张企泰译，商务印书馆1961年版，第203页。
③ 黑格尔：《法哲学原理》，范扬、张企泰译，商务印书馆1961年版，第203页。
④ 约翰·怀特：《再论教育的目的》，李永宏译，教育科学出版社1997年版，第138页。

教育目的的不同反映，这属教育目标。"目的与目标根本不同，你能测量目标，但不能测量目的。一个最后的目的是一种哲学力量，它是我们行动的先验的本质。培养自由的人和创造思维，最大限度地挖掘每一个人的潜力，这就是最后的目的。一个目标是独立于个人而存在的。"[①]因此，就教育最一般的属性来说，它具有广泛而统一的认识，即"把一个人在体力、智力、情绪、伦理各方面的因素综合起来，使他成为一个完善的人，这就是对教育目的的一个广义的界说"[②]。

诠释和理解这种认识很容易，但在实践活动中贯彻这种认识则并非易事。正因为教育自身具有"善"之属性的规定，这很容易让人们放弃对善之演绎方式的探讨与研究，继而也很容易滋生出一些违背教育真义的现象，以教育"善"的名义实施着反教育精神的活动。我们说，这就像手段与结果之间不能彼此互证一样，教育自身的属性并不能证明或保证教育活动自身的合法性和道德性，但教育自身善的属性内含着对教育活动的规定和要求，即什么是教育、什么不是教育、受过教育的人是什么样的人等基本问题。对这些问题显然不易采取高度抽象的内涵式来回答，一方面那样需要层层地去解读，另一方面也超出了本书探讨的范围，因此，笔者想就一些教育方法的甄别来映衬出什么是好的教育。这个问题雅斯贝尔斯在《什么是教育》中作了充分的论述：

> 人在自我的生成上有几种需要尽其全部人性去冲破的阻力：首先，绝对的阻力是每个人在本质上的不可改变性，而只是在外观上有所变化；其次是内在的可塑性；第三重阻力则是人的原初自我存在。与这三重阻力相对应，存在着三种不同的教育方法：第一种是训练，它与训练动物相似；第二种是教育和纪律；第三种是存在之交流。……在第一种方法（训练）中，人就成为纯粹的客体；在第二种方法（教育）中，人便处在相对开放的交往中，更确切地说，是在有

① 联合国教科文组织国际教育发展委员会编著：《学会生存：教育世界的今天和明天》，华东师范大学比较教育研究所译，教育科学出版社1996年版，第183页。
② 联合国教科文组织国际教育发展委员会编著：《学会生存：教育世界的今天和明天》，华东师范大学比较教育研究所译，教育科学出版社1996年版，第195页。

计划的教育环境中；在第三种方法（存在交往）中，人将自己与他人的命运相连、处于一种身心敞放、相互完全平等的关系中。因此，训练是一种心灵隔离的活动，教育则是人与人精神相契合，文化得以传递的活动。而人与人的交往是双方（我与你）的对话和敞亮，这种我与你的关系是人类历史文化的核心。可以说，任何中断这种我与你的对话关系，均使人类萎缩。如果存在的交往成为现实的话，人就能通过教育既理解他人和历史，也理解自己和现实，就不会成为别人意志的工具。[①]

显然，雅斯贝尔斯在此意欲通过"训练"和"交往"的区别来塑造其所推崇的教育方法，即主体间通过交往、对话、理解而实现互动的教育。如此的"教育是人的灵魂的教育，而非理智知识和认识的堆集。通过教育使具有天资的人，自己选择决定成为什么样的人以及自己把握安身立命之根。谁要是把自己单纯地局限于学习和认知上，即便他的学习能力非常强，那他的灵魂也是匮乏而不健全的"[②]。因此，雅斯贝尔斯强烈批评了"教育只能是强迫学习"这种观点，他认为，只有"导向教育的自我强迫，才会对教育产生效用，而其他所有外在强迫都不具有教育作用，相反，对学生精神害处极大，最终会将学生引向对有用性世俗的追求"[③]，从而塑造的就是马尔库塞所谓的"单向度的人"。这显然是与教育精神相悖的。

二、道德教育悖论现象生成的教育必然性

如果说黑格尔是在静态的概念层面论述了教育的真义，那么，雅斯贝尔斯就是在动态的操作层面介绍了何谓教育。正像上文所说的，教育目的在不同历史阶段是通过不同的形式和内容来展现其"善"的本性的，

[①] 雅斯贝尔斯：《什么是教育》，邹进译，生活·读书·新知三联书店1991年版，第2—3页。
[②] 雅斯贝尔斯：《什么是教育》，邹进译，生活·读书·新知三联书店1991年版，第4页。
[③] 雅斯贝尔斯：《什么是教育》，邹进译，生活·读书·新知三联书店1991年版，第5页。

而内容和形式基本上是由社会确定下来，更为具体地说，是由那些参加教育活动的个人的意志行为与主观选择的结果。这些结果一般以对"人的形象"的设计的形式体现在教育知识中以塑造"人"的形象。这也是教育作为人类实践活动内蕴的目的意向性的体现。纵观教育知识中所蕴含的"人的形象"①，不外乎"宗教人""自然人""理性人""社会人"。在"宗教人"的形象设定中，教育的根本目的就是教人从心灵上认识、热爱、赞美、信仰和服从上帝。在"自然人"的形象中则剔除了人的宗教本性代之以自然本性，因此其设定的教育目的是帮助人"发展"自身固有的内在倾向。"理性人"形象则主诉理性是人的内在本质特性，也是人的普遍"类特性"，因此，教育的最高目标、也是教育的终极目标就是培养和训练人的理性。"社会人"形象则强调教育的根本目的是促使个体的"社会化"。不难发现，这些"人的形象"在很大程度上决定和影响着"人"的教育走向。

在当前知识经济时代，科学技术于生存来说取得了优先地位，"人的形象"在科学主义的压榨下日益缺少人文情愫，导致教育沦落为"谋取实利"的工具，教育于"工具的人"的价值已经成为是否是"好"的教育的评价指标和标准，而教育于"目的的人"的意义却鲜有问津。于是，教育的根本目的就指向了生存能力的培养，至于生存的理由和根据在"意义"堕落为"工具"时只能演变为一套提高生存能力的"伪装"与"技巧"。也就是说，当教育自身的伦理属性已经扭曲或教育功能单一化为"谋生技能"时，道德教育存在的价值不得不面对从根源上的扭曲，因为人们只关心诸如数学、天文学、医学等"现行知识"如何演绎，而对赋予现行知识为何如此关涉人的存在本源和根本处境的"原初知识"不感兴趣，于是，缺乏"实利"内容支撑的道德教育只得面对教育体系中的"首位"与教育实践中的"末位"的相悖。

应当说，雅斯贝尔斯一针见血指出了这个问题存在的根本原因。对自然科学的迷恋，使得对人类心灵深处的关照几近匮乏，在理性和科学摈弃和颠覆了旧道德信仰的基础的同时也一并终结了信仰。失去了"为

---

① 参见石中英:《教育哲学导论》,北京师范大学出版社2005年版,第95—101页。

什么如此行事"的理由和根据指引的我们，陷入了是非对错难以辨识的无力感。对此，英国哲学家乔治·弗兰克尔不由得感叹："我们不得不承认，科学同时也可以成为狂热与偏见的帮凶；科学技术的进步增强了人的破坏力。期望变成了失望，伴随而来的是怀疑，是否还有任何东西可以相信，我们凝视着一个道德真空——欺骗的产物。"①或许，这番论断有点危言耸听，但行走在现代化快车道上的我们确实日益被科学技术思想深深影响，一方面以技术的方式来理解万物，另一方面把技术的进步理解为人的价值的充分体现。于是，教育很大程度上演变为一种"训练"，通过"外在强迫"的非教育的"训练"来仅仅教授或过分强调与凸显关于"生存"的知识，放弃了关于"存在"的追问。这种价值态度的转变影响了人们的习惯和评价形式，技术效率而不是人的完善成了共同追求的目的。这种认识体现在教育体系的各个环节，诸如"以认知为中心、以教材为中心、以教师为中心"②的现代教学观，强调"如何对教学行为进行客观有效的控制，是受效率驱动的。实证和效率是科学主义教学研究的两个核心价值标准"③，以及"主体与客体、知识传授与接受、权威与服从、控制与被控制、中心与边缘"④的异化了现代师生观，在抽离了师生关系伦理意蕴的同时沦落为教育教学的工具。今天，当我们普遍质疑师德现状的时候，在某种程度上规避了冲突背后的实质性根源，那就是教育中最具有生命活力、最体现伦理精神的师生关系已经丧失了温情脉脉的人文情怀而演变为教学必不可缺的工具，人为设置教育情境激发道德意识却难以发挥师生关系作为教育活动本身所富有的教育价值。同时，这种认识也展示了一种新的自我对自我、对他人、对社会、对自然的关系，展示了一种新的感知方式和价值态度：人的理智只与技术有关，而与伦理、责任感、道德反省等关系甚微，但理智主要是外倾地指向技术，而不能内倾地融渗到情感、意志之中，这使人们难

---

① 乔治·弗兰克尔：《道德的基础——关于道德概念的起源和目的的研究》，王雪梅译，国际文化出版公司2007年版，前言第2页。

② 燕良轼：《后现代主义教育思想》，广东教育出版社2008年版，第134—137页。

③ 张华：《课程与教学整合论》，《教育研究》2000年第2期。

④ 参见燕良轼：《后现代主义教育思想》，广东教育出版社2008年版，第156—159页。

以培养一种自省的品质，出现了雅斯贝尔斯所说的沉浸于对有用性世俗追求的"匮乏与不健全的灵魂"。在科技至上、工具理性主宰价值判断的时代，道德教育的扭曲有其必然性，悖论现象的上演有其自在性。

第五章　排解道德教育悖论现象的
基本理路

　　"道德悖论研究并不只是反思、揭示道德理论和实践中的道德矛盾，增添世人对道德矛盾的认知自觉，其研究诉求在于，通过积极思考，诊断问题症结，给出可能的消解方案。"①这段话同样适应于道德教育悖论现象的研究。道德教育中客观存在的悖论现象，一方面淡化和消解着道德教育的应有效果，制约了道德教育有效性的发挥；另一方面动摇和瓦解着人们对道德及道德教育的信心，混淆了是非、善恶的界限。因此，发现道德教育悖论现象这个问题虽然重要，但解决问题才是研究的动因和目标所在。通过对道德教育悖论现象的广泛揭示和系统分析，不难发现，道德教育悖论现象的生发具有某种客观性和必然性，如果说道德教育悖论现象生成过程有着某种可解性的话，那么道德教育悖论现象生成的意识形态的"悖论基因"则决定了道德教育悖论现象的不可解性。当然，不可解性不代表人们在其面前就无能为力，而只是说，要绝对排解它是不可能的，只能是根据其生成因由在有限的范围内提出相对排解道德教育悖论现象的基本理路，尽可能规避道德教育悖论现象的"恶"之影响以凸显其"善"之价值，进而提升道德教育的有效性，这也是道德教育悖论现象研究的目的所在。

---

① 王习胜：《道德悖论研究的价值与意义》，《道德与文明》2008年第6期。

第一节 创新道德理论

逻辑悖论研究的新近成果表明，悖论的消解往往需要改变原有理论的基本信念或基本概念，因为矛盾的结论不可接受，而推理的过程又合乎逻辑，矛盾的消解唯有指向前提性的"公认正确的背景知识"，进行背景知识的创新，才能解决问题。而在道德教育概念的规定中，"道德"是限定词，是道德教育作为一种人类实践活动所要实践的内容，显然是道德教育的背景知识。因此，道德教育悖论现象的消解就不可避免地会触及对既有的道德原则或规范之合理性的审思，涉及在悖论消解的范式下如何建立真正合理、和谐的道德世界。

一、道德价值基础的考察

关涉道德的研究都或隐或显地发端于一个前提性命题：道德是什么？在回答这个问题之前，首先要搞清楚它的诉求。这需要先厘清几个概念的关系："道德"与"不道德"及"非道德"。"道德"与"不道德"是同属一个范畴、含义相反的概念，是指对一定的道德意识支配下表现出来的有利或有害于他人和社会的行为的善恶评价。"非道德"就是无道德意义，也不能从道德上进行善恶评价的人类行为。如此看来，"道德是什么？"的命题是在"道德"与"不道德"的意义上发问。也就是说，关于道德的研究总要从"什么是道德的"与"什么是不道德的"的界定启动。这就是道德的价值基础问题，其重要性尼古拉·哈特曼曾给予高度肯定和详细论述，他指出："道德形而上学缺乏根基，这就是价值现象学，或者，亦可称作道德价值学。这是伦理学首要的、也是主要的关注点。"①包尔生在其《伦理学体系》中也表达了类似观点，他指出："伦理学的职能是双重的：一是决定人生的目的或至善；一是指出实现这一目的的方

---

① 转引自董世峰：《价值：哈特曼对道德基础的构建》，光明日报出版社2006年版，第3页。

式或手段。"①这两种职能是包尔生的整个伦理思想体系建构的基础。对此，摩尔在其《伦理学原理》中明确指出其伦理学主要解决两个问题：一是"哪类事物应该为其自身而实存？"二是"我们应该采取哪种行为？"前者即道德基础问题，后者即道德应当问题。在二者的关系上，同样还是哈特曼作出了明确说明："伦理学的第二个基本问题在重要性上超过了第一个基本问题。它表现出是无限有限的，制约着其他问题。"②显然，道德基础是道德应当的根据，对这个问题的正名关乎创新道德知识背景的努力。一直以来，"应当"以独断论的姿态占据着伦理学的全部视野，人们乐此不疲地围绕它展开着属于未来的美好的道德蓝图的构建，这种超越性没有为道德带来盛誉却被诉之以具有贬义的"理想主义"评价，这与道德基础研究的遗忘与缺场不无关系。同时，这也是导致道德教育悖论现象出现的客观原因。纵观伦理学思想史上道德理论的不同主张，不外乎是对道德基础问题的不同设定和回答。也就是说"善""恶"认定的不同途径决定了不同的道德观及由其推演而来的不同的道德教育主张。

首先是以柏拉图为代表的先验主义的道德主张，此主张自苏格拉底始。他受阿那克萨戈拉"世间万物都由职能的心灵安排，也是由职能的心灵发生的"③思想的影响，开启了古希腊由关注"宇宙本原"的自然哲学问题转向"认识你自己"的人生哲学问题，将哲学由天上拉入了人间。围绕"人"的话题，他不厌其烦地提出这样的问题：什么是虔敬？什么是勇敢？什么是正义？作为一个教师，苏格拉底不是为自身的问题向对话者提供一个答案，而总是通过层层的追问使他的对话者确信无法回答他的问题的道德教育方式来践行教师的职责，使他的学生认识到他们自己的无知，以此使他们更聪明。因为知识存在于人的心中，唯有哲学的助产士才可使其诞生。通过对无知的反思来"认识自己"，引出心中的知识，这也是苏格拉底自名为"精神助产士"的原因。其"美德即知识"的主张也为亚里士多德所证实："他相信所有道德德性都是知识的样式，

① 弗里德里希·包尔生：《伦理学体系》，何怀宏、廖申白译，中国社会科学出版社1992年版，第10页。
② 转引自董世峰：《价值：哈特曼对道德基础的构建》，光明日报出版社2006年版，第32页。
③ 柏拉图：《斐多：柏拉图对话录之一》，杨绛译，辽宁人民出版社2000年版，第69页。

因而当我们认识到什么是正义时，那就意味着我们是正义的"①，由此，苏格拉底的道德主张即蒙上了先验论的色彩。这种色彩在柏拉图的善的理念王国的勾勒下更为明显。在《国家篇》中，善的形式要经由抽象训练才能认识，即通过推理论证的方式得以证明和洞见，而且"善的形式不在我们所注视的其他形式中，这些形式属于永恒不变的存在王国——而善的形式领域超出了存在的范围……善的形式放射的理智的光芒使我们明晓其他形式，但我们不能注视到善的形式本身。由此可见，对于柏拉图来说，善——至少在《国家篇》中——只是用来充当一个超验实体的名称，或者用来表达这一实体与其他事物的关系"②。如此，在柏拉图那里，"善"就是作为一种先验的理念而存在的。这种"善"的确认方式同样适应于康德。他将道德基础奠定在人的纯粹理性的普遍概念上、人的善良意志中。"……不受任何爱好的影响，完全出于责任，只有在这种情况下，他的行为才具有真正的道德价值"。③而责任是什么？责任是"善良意志概念的体现"④。他反复强调，道德法则不能在人"所处的世界环境中寻找，而是完全要先天地在纯粹理性的概念中去寻找"，"一切经验的东西，作为附属品，不但对道德原则毫无用处，反而有损于它的真纯性"，"……警惕想在经验的原因中把握行为原则的浅薄方式"。⑤康德排斥经验，推崇先验，通过系统而又严谨的概念推理，演绎出了道德先验主义的传统。这个传统反映在中国道德哲学中即源远流长的"人性善"的观念。相对西方交由概念来演绎理念形成主张，中国则直接交由先天的信念来塑造人的形象，如孟子认为，"人之初，性本善"。显然，孟子把"善"看作先验的范畴，是人先天就具有的秉性，其具体化为"仁义礼智"，但这只是人之异于禽兽的"善端"，需要保持和扩展，"凡有四端于我者，知皆扩而充之矣，若火之使然，泉之始达。苟能充之，

---

① 阿拉斯代尔·麦金太尔：《伦理学简史》，龚群译，商务印书馆2003年版，第50页。
② 阿拉斯代尔·麦金太尔：《伦理学简史》，龚群译，商务印书馆2003年版，第75—76页。
③ 康德：《道德形而上学原理》，苗力田译，上海人民出版社1986年版，第37页。
④ 康德：《道德形而上学原理》，苗力田译，上海人民出版社1986年版，第46页。
⑤ 康德：《道德形而上学原理》，苗力田译，上海人民出版社1986年版，第37页。

足以保四海；苟不充之，不足以事父母"①。但"人性善"这种道德价值基础先验的生成方式缺少世俗经验的考量，最终形成的是"为仁由己"的道德体认模式势必导致道德教育价值实现的"先天不足"，从而诱发道德教育悖论现象的出现。

与道德先验主义相对的则是伦理思想史上较为重要的另一种体认"善"的方式——道德经验主义，它首先体现在荷马史诗里对"善"的规定中。"反映在希腊荷马史诗中的是这样的一个社会：在这个社会中，最重要的判断是在个人事务方面，即在履行社会指派给他的社会职责方面。正因为，一定的品质对于履行一个国王、一个武士、一个审判官或一个牧羊人的职责是必需的，所以诸如权威、勇敢、正义这类述词才有了用途。"②在这个意义上，"善"是在作事实性陈述，而这个事实陈述是真是假，完全唯一地取决于他对职责的履行。也就是说，在荷马那里，事实与价值之间是没有鸿沟的。这个最初表述职责履行的"善"显然是对生活经验的一种反映，是经验主义道德的最初表现。这种体认模式同样体现在亚里士多德的德性伦理学中。亚里士多德将德性分为"理智德性"与"伦理德性"，其中，伦理德性成于风俗习惯，是关于感受和行为的：一方面，"伦理德性就是关于快乐和痛苦的德性……重要的是，从小就培养起对所应做之事的快乐和痛苦的情感。"③另一方面，"公正的人由于做了公正的事，节制的人由于做了节制的事，如果不去做这些事，谁也别想成为善良的人"④。相对于柏拉图的理念善，亚里士多德所说的善显然乃由普遍的经验生成，在后天的行动中获得。而休谟更将经验主义的道德主张推进了一步，他认为道德是由情感决定的，仁慈情感"是人类普遍共有的，故此，唯有它能充当道德或任何有关谴责或赞扬的一般理论体系的基础"⑤。这种仁慈情感，被康德批评为"主观必然性，即习

①《孟子·公孙丑上》。
②阿拉斯代尔·麦金太尔：《伦理学简史》，龚群译，商务印书馆2003年版，第28页。
③亚里士多德：《尼各马科伦理学》，苗力田译，中国人民大学出版社2003年版，第28—29页。
④亚里士多德：《尼各马科伦理学》，苗力田译，中国人民大学出版社2003年版，第31页。
⑤休谟：《道德原理探究》，王淑芹译，中国社会科学出版社1999年版，第13页。

惯"①之类的东西，是"普遍的经验主义"②的写照。因为同样的人类情感，从经验的角度也可总结出与仁慈相反的属性。不论是中国的荀子还是西方的霍布斯，他们的观点借助曼德维尔对沙夫茨伯里的人性善的批判可以得到极好的阐释："（人性善）是对人性的很好恭维，但可惜不真实，他的原则之基础与日常生活相矛盾。"③由此，同样基于日常生活经验的感受与总结，他们极力推崇人性恶的道德基础。荀子认为"饥而欲食，寒而欲暖，劳而欲息，好利而恶害，是人之所生而有也"④，此谓之人性，"今人之性，生而有好利焉，顺是，故争夺生而辞让亡焉；生而有疾恶焉，顺是，故残贼生而忠仁亡焉；生而有耳目之欲，有好声色焉，顺是，故淫乱生而礼义文理亡焉……由此观之，然则人之性恶明矣，其善者伪也。"⑤霍布斯指出："人从降生之日起，本性上就企图抢夺他们所觊觎的一切，如果他们能够，他们恨不得使得这个世界的一切都惧怕和服从他们"，"持续地被别人所胜过，就是痛苦，持续地胜过别人，就是幸福，只有死亡才能结束这个过程"。这种人性恶只能推出"人对人像狼"的结论。⑥曼德维尔认为，以往的道德哲学家只教导人们"应当"怎么做人，却没有说明他们"实际"是什么样的动物。在他看来，"人生下来就是一种自私、难以驾驭的动物"，但正是"人的那些最卑劣、最可憎的品质，才恰恰是最不可或缺的造诣，使人适合于最庞大（按照世人的标准衡量）、最幸福与最繁荣的社会。"⑦由此他用最醒目的语言——"私人的恶德，公众的利益"概括了他的基本道德主张，给予了"人性恶"有力肯定。不难看出，基于经验的"善""恶"在现实生活中都能获得情感的体认，这就充分说明，经验基础上生成的道德价值具有某种局限性

①康德：《实践理性批判》，韩水法译，商务印书馆2000年版，第10页。
②康德：《实践理性批判》，韩水法译，商务印书馆2000年版，第11页。
③伯纳德·曼德维尔：《蜜蜂的寓言——私人的恶德 公众的利益》，肖聿译，中国社会科学出版社2002年版，序言第5页。
④《荀子·荣辱》。
⑤《荀子·性恶》。
⑥转引自阿拉斯代尔·麦金太尔：《伦理学简史》，龚群译，商务印书馆2003年版，第184页。
⑦伯纳德·曼德维尔：《蜜蜂的寓言——私人的恶德 公众的利益》，肖聿译，中国社会科学出版社2002年版，序言第1页。

和不确定性，不能自洽的逻辑在丧失了广泛普及的合理性的同时，势必导致尊重和追求理性的道德教育陷入自设的困境。

如果说先验路径设定的道德价值基础是"被给定的"，充满了浓郁的假设色彩，那么经验生成的道德价值基础则是"被提供的"，充满了真实的不确定性，都因科学性的相对短缺致使道德教育实践的合理性备受质疑。那么，科学的道德价值基础应当如何？或许可以从钱广荣先生揭示的道德文明发展的轨迹中找到一些有益的启示，他认为，人类道德文明发展进步的历史轨迹既不是道德文本纪录和叙述的思想史，也不是社会生活中实际存在过的世俗经验史，而是人们基于道德现象世界善恶并存的事实的察觉下，不自觉地凸显善并"遮掩"恶的演进轨迹。①这说明，先验和经验都是认识道德的一种方式，而它们都没有较为准确地反映真实的道德现象世界。在人们能够选择凸显善和遮掩恶之前，善恶应该已经客观存在于道德生活之中并为人们所感知。因为归根到底，道德是一种特殊的社会意识形态和价值形态，根源于一定社会的经济关系，遵循"社会存在决定社会意识"的规律。不论是善还是恶，作为人类相对的一对观念，都受制于社会存在，是对社会存在的反映和评判。因此，善恶同显于道德现象之中。"事实上，人在道德上是善恶并存的：善恶面对面地存在于人'最初场所'的中心"②。"被当作最终规范或终极价值的东西，必须是从人的天性和现实生活中抽象出来的。因此伦理学的结论从来就不可能与生活相矛盾，不能把奠基于生活之上的价值说成是恶劣的或错误的，它的规范不可能以要求和命令的方式与生活最终认可的东西处于现实的对立中。哪里出现了这种对立情形……标志他不知不觉成了道德说教者，标志他完全不觉得自己该起认知者的作用更愿意作道德价值的创造者。"③这种认识既符合人们的理性逻辑，又印证了经验的直觉，由它作为道德价值基础来构建道德教育体系，可以最大限度传达和彰显道德教育善之功能，规避恶之影响，从而达到相对排解道德教育悖论现

---

① 钱广荣：《道德悖论研究需要拓展三个认知路向》，《安徽师范大学学报》（人文社会科学版）2007年第5期。

② 齐格蒙特·鲍曼：《后现代伦理学》，张成岗译，江苏人民出版社2003年版，第12页。

③ 莫里茨·石里克：《伦理学问题》，孙美堂译，华夏出版社2001年版，第17页。

象的目的。

二、道德核心概念的重设

不论是先验还是经验，在道德价值基础的考察问题上，对善恶采取的都是非此即彼的态度，这种或善或恶二律背反的单一思维塑造的价值洋溢着某种"偏好"的气息而缺少公平的意蕴，由此导致道德的核心概念要么利他、要么利己，总是在利益"博弈"的过程中呈现出道德的样貌。"利他"，是一个在伦理思想史上源远流长的关于道德的规定。纵观人类世俗的道德经验，与其说"利他"是人类的自然本能，不如说是对人类行为的要求和期望，是一种"应当"。这种"应当"，人类孜孜以求并贯穿整部人类发展史，其命运借助《镜花缘》的虚构呈现的却是悖论的结局："买者要付上等银子，卖者视多收银色为'欠了来生债'而要将银色超标部分扣去，于是双方争执不下，最后的结局是将多收的银子'用戥秤出，尽付乞丐而去'。书中类似的'好让不争'场面颇多，实质上已变成了'因让而争'，即通过对物质利益的'让'来'争'取道德价值和精神利益的实现，因此'好让不争'与'因让而争'实是一种道德悖论"。[①]这种"好让"导致只能借助不劳而获的乞丐的出现才能使交易完成，长此以往必将致使"小人"辈出，这对"君子国"来说同样是一种道德悖论。如此看来，"利他"作为道德的核心概念，其借助小说虚构但符合理性推演规律的结局却充满了令人困惑的矛盾，这说明道德的这种规定亟待更新。

从道德心理学来说，"利己"更像是人类的自然本能，但从自然本能出发来规定道德，无疑是无视事实与价值的区别并以事实来代替价值，其符合理性逻辑推演的后果必然是内在地瓦解了道德并伴之以法律的全面登场。也就是说，如果"利己"作为道德的核心概念，必然是人人为己，从而导致人与人相恶的混乱局面，为了避免这种现象，必然是采取

---

① 敦玉林：《〈镜花缘〉"君子国"里"让"与"争"的道德解析》，淮海工学院学报（人文社会科学版）2004年第3期。

契约式的法律制度来规约人的普遍利己心，使之在理性范围内活动。西方法律的发达与完善已证实了此种理论的逻辑，而面对各种道德问题，麦金太尔的《德性之后》首先掀起了回归亚里士多德德性伦理学的热潮，这足以证明道德与法律不可偏废。因此，那种以道德的淡化甚至消解为旨归的道德"利己"论同样面临着重构。

综上所述，道德核心概念的提取，一方面不能立足于纯粹理性的思辨，另一方面不能脱离道德本性的考察，换句话说，要从道德自身入手来破解这个问题。道德作为一种特殊的社会意识形式和社会价值形态本质上属于观念的上层建筑范畴，在归根到底的意义上是由一定社会的经济关系决定的，恩格斯曾指出："人们自觉地或不自觉地，归根到底总是从他们阶级地位所依据的实际关系中——从他们进行生产和交换的经济关系中，获得自己的伦理观念"①，因此也会随着社会经济关系的变革而丰富和发展自己的内涵和形式。就当代中国社会的经济制度及"竖立其上"的政治和法律制度建设的客观规律而言，道德原则和标准显然要与社会主义市场经济相适应，与社会主义法律规范相协调，与中华民族传统美德相承接，应凸显社会主义的公平和正义。传统美德只有与社会主义公平和正义观念"相承接"才能真正获得现时代的话语权，成为社会主义思想道德体系的有机组成部分。总之，只有在尊重道德本质特性的基础上体现其与时俱进的价值理性，道德的价值、生命力、吸引力才会得到最大程度的彰显。因此，根据历史唯物主义原理，"公平"应内蕴在社会主义道德要求之中，成为道德的核心概念。之所以作此判断，也是基于道德基础的考虑：通过对伦理思想史的梳理，不难发现，拘泥于善恶一端都将陷入悖论的尴尬境地，而经过理性的审慎考虑和经验的正反对比，善恶同显于人类"最初的场所"的认知相对于或善或恶的设计都具有更多地优势，或者说在很大程度上更接近于事实，而从此出发来提炼道德的核心概念，"公平"无疑符合善恶同在的自洽逻辑。其实，这种主张亦并非思想的创造、观念的创新，它散见于伦理思想中，只是缺少

---

① 《马克思恩格斯选集》第3卷，人民出版社1995年版，第434页。

有效的关注而已。如孔子曾曰："以直报怨，以德报德"。①即在道德生活中，孔子不是"以怨抱怨"的睚眦态度，也不强求以"德"抱怨的高风亮节，而是选择了具有现实主义精神的"直"来面对"怨"并以之作为道德的要求，这对经过内蕴公平精神的市场经济洗礼的人们该如何建设与社会主义市场经济相适应的道德的要求，具有一定的启发性。公平与公正虽有不同，但作为关涉他人的一种德性，总体而言二者的价值旨趣还是相通的。在亚里士多德的伦理学中，他专门论述了公正，他认为："公正不是德性的一个部分，而是整个德性。"②"公正是一切德性的总汇……它之所以是最完全的德性，是由于有了这种德性，就能以德性对待他人，而不只是对待自身。"③因此，从道德作为调节关系中的利益冲突的角度来说，公平较之偏好一方的利他或利己都更具有现实意义。如果说"利他"在某种程度上与客观存在的"利己"本性相违背致使其作为道德核心概念远离现实生活的话，那么公平则洋溢着务实的精神，它更多的是对"利己"本性的一种制约，引导人们走向一种合理的利己主义，即在尊重别人权益的同时追求自己的利益。需要说明的是，以公平作为道德的核心概念，并不是否定"利他"的道德价值，相反，在以公平为核心概念的道德价值序列中，"利他"是一种高于"公平"的价值词汇，这是一种较高层次的道德境界，也就是说，没有选择"利他"并不一定是不道德的，"利他"更多地要依靠道德主体的自愿，但"公平"却是起码的道德要求，只有在自愿的"利他"选择面前，公平的打破才有道德上的合理性。

三、道德评价的重建

　　道德评价是观念形态的善恶在行为中的动态反映和再现的一种形式，不同的道德评价折射了人们不同的道德主张。通过道德评价，人们可以

---

①《论语·宪问》。
② 亚里士多德：《尼各马科伦理学》，苗力田译，中国人民大学出版社2003年版，第94页。
③ 亚里士多德：《尼各马科伦理学》，苗力田译，中国人民大学出版社2003年版，第95页。

明晰和深化善恶的界限，从而为人们的行为选择提供指南，简单说，就
是可以强化观念形态的道德要求。反过来说，道德悖论现象的出现在某
种程度上与道德评价不无关系。

从伦理学史来看，自古以来，道德评价就存在着动机论和效果论两
大派。前者认为应该以行为的动机为根据；后者则强调只有行为的结果
才是评价行为善恶的唯一根据。这两种观点在墨子那里有了初步的融合，
《墨子·鲁问》中记载："鲁君谓子墨子曰：'我有二子，一人者好学，一
人者好分人财，孰以为太子而可？'子墨子曰：'未可知也。或所为赏誉
为是也。钓者之恭，非为鱼赐也，饵鼠以虫，非爱之也。吾愿主君之合
其志功而观焉。'""志"即动机，"功"即效果，借助墨子"合其志功而
观"的论述充分体现了动机与效果在评价行为的道德价值时所具有的意
义。但二者如何结合，在墨子那里是空白。这个空白在某种意义上造成
"合其志功"成为一句理论空谈。受儒家重义轻利的深远影响，在实践操
作中，"效果"的好坏一般不会影响到道德价值的存在与否，没有实现预
期目的的行为如果其动机可证为善的话，至多在评判此行为的道德价值
时打了折扣；而动机的道德与否则直接决定着一行为有无道德价值，是
善还是恶的评价。在现实生活中，当人们按照此道德评价体系有所作为
时，带来的悖论问题却是显而易见的。这种悖论的出现是伴随着道德评
价的动机依据而相对应存在的。一般而言，利他动机的行为基本上可以
界定为道德行为。关于动机作为考察行为道德与否的看法由来已久，可
以追溯到康德的善良意志。他认为，从道德评价的角度来说，除了一个
"善良意志"外，再没有什么东西可以称得上道德的，而且这个规定与善
良意志能否带来好的后果是无关的。但作为善良意志的道德动机必须发
乎"绝对命令"即"不论做什么，总应该做到使你的意志所遵循的准则
永远同时能够成为一条普遍的立法原理。"[①]"命令"即支配行为的理性
观念，其表述形式有假言和定言两种。假言命令是有条件的，认为善行
是达到偏好和利益的手段。定言命令则把善行本身看作目的和应该做的，
它出自先验的纯粹理性，只体现为善良意志，与任何利益打算无关，因

---

① 康德:《实践理性批判》,韩水法译,商务印书馆2000年版,第30页。

而它是无条件的、绝对的。这也是康德绝对命令的内涵。据此,康德还推出一条实践原则:你的行动,要把你人格中的人性和其他人人格中的人性,在任何时候都同样看作是目的,永远不能只看作是手段。它们所涉及的只是"应有"而非"实有",是"应当如此"而非"事实如此"或"必然如此"。但是由此评价行为的看法却对世人影响久远。行为越是发自"善良意志",越称得上是道德行为,行事者才可谓有道德的人。行为者的动机越是远离"利益",尤其是个人的"私利"(正当与不正当的区分在这里并没有太重要的意义,因为不正当的利益根本不会纳到道德评价的体系中来,形成默契的是对个人正当利益的否定,更显珍贵,道德价值的彰显也更为明确,所以此处"私利"并不包括不正当的利益),其行为的道德价值就越高。如此,悖论现象就很明显:道德调节的内容即是"利益"的冲突,而评价行为是否道德时却要远离个人利益,表现出道德的利他性特征,这就造成值得提倡和推广的正道德价值必然是以接受者的不道德为代价的,客观上造成"施惠者"——"受惠者"之间道德价值上的不对等,对一方的肯定以对另一方的否定为代价。这是道德深层的悖论,追踪此悖论的消解方案,必然要回到道德调节的焦点,即利益问题。不论哪种利益,一旦出现在道德领域,尤其以物质面目出现的利益,行为者要想获得肯定的道德评价,就必须远离个人的或正当或不正当的利益(道德素质低者会采取不公开的方式攫取)。关于利益的理论观点是人类思想宝库中一个重要范畴。18世纪法国启蒙思想家霍尔巴赫在《自然的体系》将利益定义为"每个人按照他的气质和特有的观念把自己的安乐寄托在那上面的那个对象;由此可见,利益就只是我们每个人看作是对自己的幸福所不可少的东西。"[①]在哲学层面,把利益看成是一种关系,是物质关系、经济关系和社会关系的体现,认为利益就是社会关系,首先是物质经济关系。可以看出,利益并不必然表现为物质利益,而是有着更为丰富的内容。需要是利益的基础和始因。人的需要是人类生命活动的表现和必然要求,使人们结成一定社会关系,社会关系集中表现为利益关系。利益是主体对客体的一种主动关系,是社会成

---

① 霍尔巴赫:《自然的体系》上卷,管士滨译,商务印书馆1964年版,第271页。

员对他所需要客观对象的一种目的明确的态度，人们通过有目的的活动，生产、占有、使用他们利益所需要的特定对象。利益除满足需要之外，还包括满足需要的措施或手段。所以那种在教育过程中避开道德"功利"性一面的做法，只会错识和神化道德，造成道德遗失了对个人正当利益的肯定，由此缺少人文关怀的道德不是成全人性而是扭曲人性，实践中上演各种道德教育悖论现象就不足为怪。

因此，将对个人正当利益的肯定内置于道德价值之中，以公平作为道德的核心概念在很大程度上可以化解道德观念中的悖论，当然这只是完成了道德意识的更新。也就是说，即使是从公平意识出发来实施道德活动也仅仅是道德价值的可能形式。根据道德价值实现规律，道德意识必须要经由道德活动才能完成道德价值的转化，也就是说，动机论一般只能评价道德意识，效果论只能停留于最终结果，而道德活动（过程）则在道德评价中成为空白，这显然是道德评价体系的"盲区"，在很大程度上影响到道德评价功能的实现和发挥。因为在道德价值选择和实现过程中，存在着诸多的不确定的可变因素，如行为对象的不确定和可变性、行为环境的不确定和可变性，也就是所谓的"伦理境遇"的复杂性，这些都对主体的道德智慧、道德能力提出了要求，都将直接或间接地影响到道德价值的选择和实现，因此，"评价主体的道德行为选择和价值实现，不能只是关注机和效果两个端点，而忽视价值实现过程的可变因素及其诉求的道德智慧。"①这就要求传统的道德评价需要实行理论创新，只看动机或效果都有失全面和客观，必须融入对道德活动过程中"境遇"的考量方能科学评价一行为的道德与否。通过前文分析，不难发现，境遇的客观存在制约着道德的活动过程从而直接影响到道德价值的实现与否，因此，将境遇置入道德评价体系之中，一方面，可以实现动机和效果的有机结合，完成内在的契合，发挥二者在道德评价中的合力，另一方面，通过给予行为过程的不确定和可变因素等等伦理境遇以应有的关注，那么无疑就会有效地防止、淡化、消解"恶果"的出现，扩大行为

---

① 钱广荣、柏美芝：《浅析传统道德评价存在的盲区——兼谈道德悖论"解悖"的一个新视点》，《阜阳师范学院学报》（社会科学版）2009年第3期。

的"善果"，提升主体道德行为选择和价值实现的有效性，避免"好心办坏事"的悖论现象的出现。综上所述，道德评价体系可以以道德活动中的境遇论的融入而使动机与效果不一致的道德行为获得较为科学的评价。

四、彰显道德教育的人文关怀

人们普遍有感于道德教育濒临危机边缘，却苦于无法准确指出其根源所在。或许，正如有的学者所说："所有的教育问题最终都是哲学问题"。①哲学以为道德教育提供理论资源和实践依据的方式论证了道德教育合法性的同时赋予了其人文关怀的本性。也就是说，道德教育出现问题的深层原因或许要从哲学的层面来寻找，这就不难理解朱小蔓教授的感慨："时代发展到今天，人们对于道德教育的重要性已经认识得越来越清楚，但对诸如'什么是道德'、'什么是道德教育'、'学校道德教育旨在达到何种目的'等更为本源性的问题却很少作进一步的追问。如果我们不能从理性层面对这些问题进行深入反思，那么我以为，一种缺失了思想根基的道德教育实践只能是'以其昏昏，使人昭昭'。"②为了避免此种情形的出现，也是为了规避道德教育悖论现象的出现，在此有必要就道德教育本性问题的认识进行一些纠偏。

一直以来，道德教育的目的就有个人本位和社会本位两种代表性的观点，其实从个人与社会的辩证关系来看，二者之间应该是相通的而非对立的，即道德教育不仅于个人有着安身立命之意，更在此基础上内蕴着对社会之责。也就是说，道德教育是将社会之"道"内化于个人之"德"的一种"化人"过程，完成"自然人"到"社会人"的化育从而实现个体社会化的任务。从这个意义上来说，道德教育的本性完全可以借用杜威的话来表达："教育的意义本身就在于改变人性以形成那些异于质朴的人性的思想、情感、欲望和信仰的新方式。"③这种认识同样也出现

---

① 蒋晓：《美国教育工作者的教育哲学探析》，《外国教育动态》1988年第6期。
② 鲁洁、朱小蔓：《道德教育论丛》第2卷，南京师范大学出版社2002年版，第4页。
③ 万俊人：《现代西方伦理学史》下册，北京大学出版社1992年版，第155页。

在樊浩、田海平的《教育伦理》中："教育的人文使命，就是完成两个解放：把人从自然的质朴性中解放出来；把人从自然欲望中解放出来。"①"……这种工作反对举动的纯主观性，反对情欲的直接性，同样也反对感觉的主观虚无性与偏好的任性"，②从而使人之精神摆脱了自然的质朴性获得普遍性的形式，化育出"有教养的人"。在这个"化人"的过程中，道德教育人文关怀的本性得到了充分的体现和彰显。

人文关怀，人们对这一概念的界定工作远没有对它的使用那样兴趣强烈。它究竟何为？不妨借助两位学者的相关论述来体味其意蕴：

"从哲学意义上说，人文关怀……具体地说，即是对人的现实状况的关注，对人的尊严与符合人性的生活条件的肯定和对人的解放和自由，特别是对人的精神解放、心灵解放、精神自由、心灵自由的追求，对人生意义的思考，是对人自身的命运与价值高度关注的精神体现。"③道德教育的人文本性在于：一是它以具有自由意志的人为出发点和归宿，以每一个个体获得自由和解放为目的。二是它以体现人类自由本性的意义世界为传承和教化的内容。三是它通过赋予个体以意义和价值的人文过程扬弃了个体的特异性而使其具有了伦理的普遍性。④不难看出，对"人"的关怀与塑造确实内蕴于道德教育之中。道德教育可以归属教育学学科，也可以归属伦理学学科，在不同的学科下其侧重点不同，但这不影响人们就道德教育的本性问题形成共识。显然，相对于认识这种共识来说，坚持这种共识更为不易。受科学主义影响，道德教育在工具理性的压迫下其人文本性、人文关怀日渐萎缩，乃至沦落为工具理性的产物，并在很大程度上影响甚至主宰着道德教育的价值走向，致使道德教育人文本性的失落，异化为"人"之外的存在。从以人为本到人置身事外，道德教育内在完成了工具理性到价值理性的转换，道德危机或道德悲剧由此上演。对此，东西方有识之士皆抒发了忧患意识。"现代人类与其说是苦于缺乏知识和科学真理，未能洞察客观世界的奥秘，不如说是苦于

---

① 樊浩、田海平：《教育伦理》，南京大学出版社2005年版，第7页。
② 黑格尔：《法哲学原理》，范扬、张企泰译，商务印书馆1996年版，第202页。
③ 王东莉：《德育人文关怀论》，中国社会科学出版社2005年版，第62页。
④ 许敏：《道德教育的人文本性》，中国社会科学出版社2008年版，第31页。

不善于用科学技术造福于人，不了解人的本性，未能充分洞察人的内心生活的奥秘。"①日本著名思想家池田大作义愤地说："在现代技术文明的社会中，不能不令人感到教育已成了实利的下贱侍女，成了追逐欲望的工具"。②显然，这也为我国学者所同感，鲁洁认为："当我们深究当前这场道德危机形成的根源后发现……学校教育在所面临的道德危机中并非无辜的受害者。在社会泛起唯经济主义、唯科学主义等浪潮中，把社会道德从根本上挖空时，学校教育已经完全丧失了它应有的批判和反思功能，反而在相与同流、推波助澜中，与社会其他方面共同酿成了当前的道德危机。"③因此，"促使为功利所困的'失真'教育回归'本真'的教育，这是我们思考德育问题的根本。"④

这也是我们相对排解道德教育悖论现象的理路所在。

第二节　创新道德教育理论

一、重构道德教育的伦理精神

"让人成为人"是道德教育的终极价值诉求，这是业已形成共识的结论；但这种结论的现实境遇即道德教育的有效性并不理想，也是共识。原因固然众多，这与我们对道德教育目的的直观经验式理解有无关系？"让人成为人"，只是一种抽象的精神和原则，具体"成为什么样的人"，伦理学必须发挥其指导作用以彰显其理论价值和实践意义。

伦理学是研究道德的一门学科，但"究竟是在什么意义、多大范围

① 米特洛欣等编：《20世纪资产阶级哲学》，李昭时、张惠秋、黄之英等译，商务印书馆1983年版，第149页。
② A.J.汤因比、池田大作：《展望21世纪——汤因比与池田大作对话录》，国家文化出版社公司1999年版，第61页。
③ 鲁洁：《教育的返本归真——德育之根基所在》，《华东师范大学学报》（教育科学版），2001年第4期。
④ 鲁洁、朱小蔓：《道德教育论丛》第2卷，南京师范大学出版社2002年版，第53页。

上和何种价值取向上来研究道德，不同的伦理学家有不同的看法"①，诸如道德规范研究、道德语言研究、道德现象研究等，形成了规范伦理学、元伦理学、描述伦理学等不同的理论形式。其中，如果以规范伦理学作为"道德人"的理论根据，"遵守规则"无疑就是"道德人"的全部。但一方面，若"以各种规则来要求人，规则之间由于没有系统连贯的根基，各种'无根'的学说导致了彼此之间的相互攻讦，无助于达成共识"②，反而导致人们对一些相异乃至相斥的道德命题无所适从；另一方面，规范伦理学不论以何种价值悬置于人之上，理念、德性抑或义务，都不影响规范伦理学的整体特质，有区别的只是对人提出哪种要求。从这个角度看，不论哪一种要求于人都具有某种外在性、异己性。因此，规劝、激励、惩戒、命令等方式就成为道德教育的常用"法宝"，结果却正如学者所质疑的："以规范现代人类道德行为和社会伦理行为为宗旨的现代规范伦理，为什么无法规范现代人和社会的不正当行为？规范伦理成了无规范效力的道德说教？这或许是规范伦理学最大的困境。"③如果以强调道德上的"是"的描述伦理学来主导道德教育，或许在应对有效性难题时会有意外之效，但仅仅停留在对人之所"是"的层面上进行教育，还是教育吗？《礼记·学记》早就指出，"教也者，长善而救其失也"；《说文解字》也曾曰："育，养子使之作善也"，内置于人的"善"的增长与显现就是"教"与"育"苦心经营的目的。对此，黑格尔也指出："教育的绝对规定就是解放以及达到更高解放的工作。"④可见，无论是中国古代"教"与"育"的伦理意蕴还是西方古典哲学对教育的伦理规定，可以知道，教育就是将人从本性、需要、欲望和冲动的任性之中解放出来，达到一种自由的状态。这说明描述伦理学的价值和意义需要重新思考其在道德教育中的逻辑定位。如果以"科学自命"的元伦理学作为"道德人"的理论根据，"道德学家"可能就是"道德人"的全部。元伦理学的对象与任务决定了它是在将道德语言与道德语言所表达的内容清楚分开

① 罗国杰：《伦理学》，人民出版社，1989年版，第6页。
② 高国希：《道德哲学》，复旦大学出版社2005年版，第241页。
③ 万俊人：《寻求普世伦理》，北京大学出版社2009年版，第77页。
④ 黑格尔：《法哲学原理》，范扬、张企泰译，商务印书馆1961年版，第202页。

的基础上进行的研究。通常诉诸符号和公式展开对道德语言逻辑的分析、道德判断意义的诠释，而对充满浓厚价值气息的道德信念和原则体系则采取了"中立"的态度和立场，具有形式化和脱离实际的倾向。这种倾向在道德教育中并不鲜见，终使其沦落为说教式的知识教育，从而有违"道德人"的价值诉求。

由此来看，"成为什么样的人"，既有的描述伦理学、规范伦理学及元伦理学视域中的"人"都失之偏颇，却也反证了调整思路、打破阈限、形成合力以在统一的理论框架内建构人的整体形象的必要性和可能性。"成为什么样的人"，不仅要考虑人既定的现实情况，这是"成为什么样的人"的前提和基础；还要考虑人预定的理想诉求，这是"成为什么样的人"的方向和目标；更要考虑人从既定到预定的可能情形，这是"成为什么样的人"的方法和途径。在此框架的设计中，对人的既定情况的了解和把握，归属于描述伦理学。借助社会学、心理学、人类学、民俗学等学科视域的经验描述和实证分析的方法，描述伦理学揭示和阐明社会道德事实及其发展的规律，为相对全面和客观地认识人的现实提供依据，从而为道德教育目的的设定提供了较为平实的基础。关于其作用，石里克曾指出："被当作最终规范或终极价值的东西，必须是从人的天性和现实生活中抽象出来的。因此伦理学的结论从来就不可能与生活相矛盾，不能把奠基于生活之上的价值说成是恶劣的或错误的，它的规范不可能以要求和命令的方式与生活最终认可的东西处于现实的对立中。"[1]这充分说明了描述伦理学存在的价值和意义，虽然其不能直接作为道德教育的理论依据，更不能作为道德教育的实践指南，但它内蕴着伦理学鲜明的"人学"特色。如果没有描述伦理学的贡献，伦理学的人学色彩不仅将会黯淡很多，其科学性也将会大打折扣，从而削弱道德教育的可信度及有效性。对描述伦理学的肯定并不意味着道德教育可以停留于此，"成为什么样的人"还必须要关注人的理想追求，即人对自身生物性的超越，它为人指明了努力的方向和目标，使人从感性走向理性、从有限走向无限、从肉体存在走向精神存在。这种对人之可能的了解和把握，归

---

[1] 莫里茨·石里克：《伦理学问题》，孙美堂译，华夏出版社2001年版，第17页。

属于规范伦理学。如果说描述伦理学强调的是道德之所"是",那么规范伦理学突出的就是道德之"应当"。"是"立足现实和当下,而"应当"总是指向未来和前方,所以规范伦理学总是习惯于以经验的、先验的乃至超验的方式来设定人们关于"应当"的种种理解。但不论哪一种作为规范伦理学的代表来指导道德教育的目的都不应该脱离现实,那样只会导致规范流于形式、"应当"成为一种理想主义或空想主义,最终失去其存在的价值和意义。在现实和理想之间,架起沟通桥梁的即是元伦理学。它对道德概念、道德判断及道德术语的语义分析,使得它在整个伦理学体系中可以充当增强伦理学基础理论科学性和严密性的角色。也就是说,元伦理学的研究在淡化感性、走向理性、提升伦理学的知识品格方面可以发挥独特的作用。如果说描述伦理学立足于人的生物性一面,规范伦理学凸显人的精神性一面,那么元伦理学则通过逻辑的理性分析让精神有了现实的皈依,让生物有了超越的自觉,不仅有效贯通了描述伦理学的"是"与规范伦理学的"应当",也直接指引了道德教育目的的合理定位,使其既脚踏大地,又仰望星空,避免了两个极端。如此,三种不同研究对象的伦理学范型就在道德教育目的问题上形成了既有分工又有合作的互动局面,为"成为什么样的人"提供了方法论基础。

"成为什么样的人",面对这个意蕴未来取向的价值追问,还必须进一步回答以三大规范伦理学中哪种形态的"应当"来规范和引导人的精神走向。不论是目的论伦理学、德性论伦理学还是义务论伦理学,其发展和演变的过程都说明它们之间并没有质的不同,均是对"应当"这个焦点问题在不同阶段的思考,提出的见解也都是"为人"和"成就人"的,关键是其既有成果如何在统一的框架内适宜运用的问题。总体来说,不论以何种"应当"作为核心价值,我们都要搞清楚这种核心价值对人来说到底意味着什么,换言之人成为其应成为的人的可能性和必要性在哪里。对此,马克思曾说:"共产主义者既不拿利己主义来反对自我牺牲,也不拿自我牺牲来反对利己主义,理论上既不是从那情感的形式,也不是从那夸张的思想形式去领会这个对立,而是在于揭示这个对立的物质根源,随着物质根源的消失,这种对立自然而然也就消灭。共产主义者根本不进行任何道德说教……不向人们提出道德上的要求，例如你们应该彼此互爱啊，不要做利己主义者呀等等；相反，他们清楚地知道，无论利己主义还是自我牺牲，都是一定条件下个人自我实现的一种必要形式。"①这与抽象的、思辨的道德理论正好相反，马克思主义所理解的道德是对现实生活的一种反映，是与现实的运动相一致的存在，"始终站在现实历史的基础上，不是从观念出发来解释实践，而是从物质实践出发来解释观念的东西。"②这为我们理解和确立"应当"提供了方法论依据。伦理学不能从任何幻想出发人为地设立善之目的，也不能从任何狂想出发人为地设计人之形象，它只能从对现实生活的客观反映来准确把握人之"应当"，这是合乎目的性与规律性的一种体现。作如是观，极具实践性、包容性及开放性的"德性"就成为凝聚和规约这种伦理精神要求的核心词汇：一方面，"德性"可以作为一种稳定的品质内化于"人"，使之信守常道；另一方面，"德性"可以作为一种智慧的能力外显于"人"，使之践行常道。后者提请我们注意，"德性"的塑造过程应区别于传统那种"为仁由己"的德性论，从伦理学的三种范型到规范伦理学的三种形态都充分说明立足客观现实来彰显道德价值的必要性，所以"德性"必须以审慎判断为要求的理性作为其限定词以充分体现和发挥实践所要求的"智慧"，避免"好心办坏事"等悖论现象的出现。

二、构建道德教育的伦理方法

从理论上来说，道德教育受制于伦理学，伦理价值的预设可以直接决定道德教育的方法。但实践证明，"被给定的"的伦理价值的合法性与权威性求之于神启或圣戒，这种既不符合理性逻辑的推演、也不遵循人性偏好的选择，空投给定似的"伦理价值"必然在道德教育中产生价值的碎片，难以构建起自圆其说的系统理论,由之主导的道德教育在实践中要么采用价值灌输的教育方法，要么采用利益诱导的激励方法或惩戒方

---

①《马克思恩格斯全集》第3卷，人民出版社2002年版，第275页。
②《马克思恩格斯全集》第3卷，人民出版社2002年版，第275页。

法；而"被提供的"合法性与权威性则倾向于求助人的感性偏好，根据生活的经验或人性的好恶进行伦理价值的设定，必然因经验的不可靠性和个案的多样性，决定了由之导引的道德教育方法总有失客观性，其主观随意性的嫌疑使之不具有科学性和稳定性，也只能在经验的意义上成为道德教育方法的参考。由此来看，"被给定的"或"被提供的"所推演的道德教育方法在实践中都行不通。理论与实践的矛盾恰给我们以有益启示：伦理价值的源头既非是"被给定的"，也不是"被提供的"，问题就集中在伦理价值到底是如何生发的？

有需要才有产生的必要，这个问题或许可以从伦理学要做什么说起。"一般地说……道德的产生是有助于个人的好的生活，而不是对个人进行不必要的干预。道德是为了人而产生，但不能说人是为了体现道德而生存。①这段话非常深刻而又鲜明地阐述了伦理学于人的意义，其他的回答我们将会看到最终都要汇总到这里来。就像环境伦理学、生态伦理学等应用伦理学被追问到最后"人类为什么被要求如此"时，回答总避免不了人类中心主义的嫌疑，否则总有理论苍白和实践乏力的隐忧。因为"伦理并非一种在理论上高尚、在实践上无益的理想体系。与此相反的说法更近于真理：任何行之无益的伦理判断都肯定有其理论漏洞，因为伦理判断的全部意义就在于指导实践。"②这个判断进一步论证了伦理学的实践品格，它必须面向生活，指导生活。这既是伦理学的价值所在，也是伦理价值生发的基础。因此，石里克才一再强调："被当作最终规范或终极价值的东西，必须是从人的天性和现实生活中抽象出来的。因此伦理学的结论从来就不可能与生活相矛盾，不能把奠基于生活之上的价值说成是恶劣的或错误的，它的规范不可能以要求和命令的方式与生活最终认可的东西处于现实的对立中。哪里出现了这种对立情形，无疑就标志哪里的伦理学家误解了自己的使命，因此他就解决不了（这一任务）；标志他不知不觉地成了一个道德说教者，标志他完全不觉得自己该起认

① 威廉·K.弗兰克纳：《善的求索——道德哲学导论》，黄伟合、包连宗、马莉译，陈曾贻校，辽宁人民出版社1987年版，第247页。
② 彼得·辛格：《实践伦理学》，刘莘译，东方出版社2005年版，第2页。

知者的作用更愿意作道德价值的创造者。对于伦理学家来说，道德创始任务的命令和要求只是认识与考察的对象。"①这段语重心长的说明，应是从事伦理学研究值得注意的问题，同时也告诫我们：伦理价值不是要被证明的，也不是被创造的，它的产生有其客观的逻辑和轨迹，对此，只需要给予正确的认识即可。至此，问题就较为清晰了，伦理价值来源于现实生活的需要，是人类在物质生产的过程中产生的需要。恩格斯曾总结："在社会发展某个很早的阶段，产生了这样一种需要：把每天重复着的产品生产、分配和交换用一个共同规则约束起来，借以使个人服从生产和交换的共同条件。这个规则首先表现为习惯，不久便成了法律。"②这个过程同样适应于伦理价值，它充分说明伦理价值不是人主观臆测的产物，既不能"被给定"，也不能"被提供"，它只能在人类历史的长河中逐渐生成，在协调人们的关系、满足人们的需要的过程中发展和完善起来。

这种"被生成的"伦理价值对于道德教育来说，才是其所应"预设"的内容。这里的预设，是指伦理价值在逻辑上先于道德教育，它是道德教育实践展开的依据，也是所有教育的一个必要环节。因为"就教育本来的意义而言，它是一种'必要的乌托邦'，如果没有对一种美好生活的向往和追求，没有对善和好的预设……教育便无须存在。"③于是，问题就进一步简化为道德教育如何将"预设"转化为"现实"，即道德教育的方法问题。既然伦理价值的形成轨迹是"被生成的"——生成于生活之中、生成于生活所需，被认识后预设于道德教育中并借以传递与呈现，那么符合事物认识和发展规律的道德教育方法就应该是还原预设、回归生成。要说明的是，这种"被生成的"道德教育并不否认教育者的价值和作用，而是提请教育者适当注意"立法者"与"阐释者"的区别。强调受教育者的主体地位已经成为一种时髦理论，这容易误导教育者放任教育，但严肃的师者应该知道，这样的看法是在何种意义上成立的。教

① 莫里茨·石里克：《伦理学问题》，孙美堂译，华夏出版社2001年版，第17—18页。
②《马克思恩格斯选集》第3卷，人民出版社1995年版，第211页。
③ 翟楠：《追求道德"至善"，还是退守道德"底线"？——对当代道德教育的反思》，《华东师范大学学报》(教育科学版)2010年第1期。

育者是教育活动的主导，而"全部教育的关键在于选择完美的教育内容和尽可能使学生之'思'不误入歧路，而是导向事物的本源。"①一切探讨为的都是这个目的。让受教育者在广阔的现实生活中去体认、感悟伦理价值的"被生成的"的道德教育主张也是如此，毕竟没有比真实的生活更有说服力的教育方法了。

第三节　创新道德教育实践

在道德教育活动中，一般来说，不外乎教育者与受教育者两大实践主体，也就是说，道德教育悖论现象关乎的主体无非是教育者或受教育者。换句话说，道德教育悖论现象的发动者是实践中的主体，因此，排解道德教育悖论现象的实践路径要从培养教育者与受教育者排解道德悖论的能力出发，同时，力求规避道德教育悖论现象恶之影响。

一、培养教育者的道德悖论意识和"解悖"能力

在传统文化中，"知识人"一直是教育者典型的形象，而"知识也被理所当然地看作是真理性知识。而教师就是这样的真理的化身，教师进行教学就是传递这些真理性知识，而无须对知识本身进行反思。"②应当说，这样的描述还是符合传统教师的基本形象的。一直以来，相对于受教育者那种显性正在生成的人的存在状态，教育者总是以已经完成的人自居。这种自我定位和认知，导致教育者通常认为道德教育只是针对受教育者而言，是要引导学生的道德发展，而与教师自身无关。这种角色分明的意识下，教师的职责就是机械遵守职业道德规范；而学生的任务是认真聆听和虚心接受教师的教导。在这种情况下，"教学相长"的师生发展观就遭遇了瓦解，道德教育也演变为"'帮凶'的作用：帮助教师

---

① 雅斯贝尔斯：《什么是教育》，邹进译，生活·读书·新知三联书店1991年版，第4页。
② 周建平：《追寻教学道德——当代中国教学道德价值问题研究》，教育科学出版社2006年版，第205页。

强化教师的角色和规范，帮助学生学会履行学生的角色和规范，双方忘却了学习做人的共同使命，忘却了学习和践行人的规范。教师和学生在人的道德发展与教育问题上出现了分离与阻隔。"①但我们知道，基于人在生理上的未完成性及人在道德哲学上的不断生成性，"人永远不会变成一个成人，他的生存是一个无止境的完善过程和学习过程。人和其他生物的不同点主要就是由于他的未完成性。"②这一方面是终身教育理念的来源，另一方面也是教育者必须转换教育理念，更新自身形象的动因。因此，以"生成者"与"完成者"自居的教育者必然割裂了教育实践于其自身的意义，同时也割裂了教育于"人"的可能的意义，即现代教育正在超出历史传统中的那种认知界限，它不是外在强加的，而是基于未完成性的一种考虑下所选择的不断生成"人"的一种方式。这种方式表现为："未来的学校必须把教育的对象变成自己教育自己的主体。受教育的人必须成为教育他自己的人；别人的教育必须成为这个人自己的教育，这种个人同他自己的关系的根本转变，是今后几十年内科学与技术革命中教育所面临的最困难的一个问题。"③不难看出，其困难的最大障碍即是来自教育者对自身形象的认知。这种认知下的道德教育不再是为教育者与受教育者之间搭起心灵沟通的桥梁，而是沦为主体间对话与交流的阻碍。这种阻碍直接中断了教育者反思与批判精神生成的逻辑，由此也限制了其道德悖论意识生成的可能。但社会生活中广泛存在的道德悖论现象所折射的难题对普遍缺少道德悖论意识以及解悖能力的教育者显然提出了挑战。因此，对教育者的道德悖论意识和解悖能力的培养就成为当下之需。

道德悖论意识，是一种基于反思与批判基础上形成的能力，是对道德价值的反观与思考。这种能力需要教育者自身具备哲学素养，对道德教育及其价值实现规律的基本原理有一定的掌握和了解，在识别道德教

---

① 李菲：《学校德育的意义关怀研究》（实践卷），教育科学出版社2009年版，第154页。
② 联合国教科文组织国际教育发展委员会编：《学会生存——教育世界的今天和明天》，华东师范大学比较教育研究所译，教育科学出版社1996年版，第196页。
③ 联合国教科文组织国际教育发展委员会编著，《学会生存——教育世界的今天和明天》，华东师范大学比较教育研究所译，教育科学出版社1996年版，第200页。

育悖论现象及其生成因由的基础上探寻解悖之路。石中英先生认为，哲学可以有静态和动态之分，前者主要是指哲学教科书和哲学著作，后者则指一种思维方式、一种寻根问底和不断反省的思想态度。对于教育实践而言，显然需要的是动态哲学的指导，其反映在教育哲学中则体现为：其一，有助于将教育者从常识和陈规陋习中解放出来，以一种理性的眼光来看待自己工作和思想的基础；其二，在对教育生活中原有的知识基础和价值观念分析的基础上对它们在现代社会生活中的适应性进行评价和判断，并根据现代社会的变迁重构教育生活的知识基础和价值观念。[①]而这种功能在道德教育实践中即是道德悖论意识的体现，因此，作为道德教育活动的组织者和实践者，教育者必须具备一定的道德哲学素养以为道德教育实践提供方向指南。

二、培养受教育者的道德判断能力与道德选择能力

作为道德教育的另一实践主体，受教育者在践行道德价值时有效规避道德悖论现象的出现是排解道德教育悖论现象的另一实践路径。

从内容属性来说，道德教育可以分为道德知识教育与道德价值教育。前者是后者的理论基础，是道德教育价值实现之可能形式；后者是前者的实践体现，是道德教育价值实现之事实形式。根据道德教育价值现实规律，在道德教育价值实现过程中，必须将二者结合起来。而结合的方式，应立足于事实与价值之间如何实现逻辑的统一来考量。这显然需要借助道德实践主体在对事实准确判断的基础上进行相应的价值选择从而确保道德教育善之价值的实现来完成。而"事实"能否准确判断、"价值"能否正确选择，是道德能力的一种体现。从根本上来说，其反映的是受教育者对影响道德价值选择和实现过程中诸种因素的真理性把握，这种把握必须借助后天的教育和培养。因此受教育者的道德能力即道德判断能力与道德选择能力的培养就成为道德教育价值实现的意蕴所在。

培养受教育者的道德能力，首先要转变道德教育观念，实现从知识

[①] 参见石中英：《教育哲学导论》，北京师范大学出版社2005年版，第37页。

传授到能力培养的转变。一直以来，道德教育秉持的理念都是关于道德知识的教育，从知识到能力之间横亘着巨大的沟壑，这不仅不符合道德教育的预期目标，也不符合社会发展的实际需要。对道德教育来说，其目标"道德人"的特征同样不能只是一堆道德知识的拥有者，而应是具有"审辨式思维"能够准确作出道德判断和道德选择的践行者。所谓审辨式思维，亦可以称为批判性思维，"是一种判断命题是否为真或部分为真的方式。审辨式思维是我们学习、掌握和使用特定技能的过程。审辨式思维是一种通过理性达到合理结论的过程，在这个过程中，包含着基于原则、实践和常识之上的热情和创造"。①可见，道德能力同样需要内涵审辨式思维能力的要素。需要说明的是，审辨式思维并不意味着理性算计，并不意味着对"凭良心做事"的善心善念的否定，而是针对以往道德教育总是致力于"知识传授"而向"能力培养"所作的调整。

其次，要拓展道德教育内容体系，改进道德评价标准。就像陈霞委员建议把"审辨式思维的培训和发展纳入国家教育规划，将发展学生的审辨式思维确定为高中、大学、研究生各个阶段的学习目标之一，确定为语文、数学、物理、化学、历史、政治等各个学科的重要教学目标"②一样，应把道德能力培养要求列入不同阶段的道德教育之中。如，在基础教育阶段的道德能力教育中，把"'由心而发'与'量力而行'结合起来，注意与《未成年人保护法》的立法精神相衔接，在培养学生具备基本的"爱心"的过程中教育学生学会'保护自己'；在高校思想政治理论课尤其是《思想道德修养与法律基础》课的教学内容中，要突出道德智慧的思辨内容，把"善心""善举"与"智举"结合起来，教育大学生既做'道德人'又做'聪明人'，渐渐形成既高尚又成熟的优良的道德品质"③。与此同时，道德评价要既讲道德动机的"纯洁性"也讲道德动机的多样性，在"崇高性"与"成熟度"之间展示道德教育的价值所在。

需要说明的是，道德判断能力与道德选择能力并非经由文本教育就

---

① 谢小庆：《审辨式思维能力及其测量》，《中国考试》2014年第3期。
② 转引自陆航：《国民教育要注重思维能力的培养》，中国社会科学网，www.cssn.cn2018-03-05。
③ 参见钱广荣：《道德能力刍议》，《理论与现代化》2007年第5期。

能直接获得，其需要借助日积月累的生活经验的磨砺将纯粹的理性认识化为具体的实践能力，因为道德生活是具体的、是真实的，符合理论逻辑的道德认识必须经由生活逻辑的体认才能变得鲜活起来，从而获得强劲的生命力。

三、教育者与受教育者的互动与对话

在探讨教育者与受教育者关系之前，不妨借助案例透视一下当前师生关系的现状：

案例1　杭州一小学教师与学生约定："上课多讲话，嘴上贴胶布。"班主任在上课时向学生提出："每个同学都要准备一块胶布，如果上课时忍不住要讲话，就用胶布把嘴巴封住。"有一次语文课，一个学生问了几个作业上的问题，这位教师就令他用胶布封住嘴巴。就这样，至少有8名同学"自觉"地在嘴巴上贴上了胶布。[1]

在这个案例中，学生"自觉"的行为看似是对师生间基于理性"约定"的服从而不是来源于教师权威的压力，但实质上，这份违背道德教育精神的不道德"约定"的背后显然是教育者缺乏对受教育者作为教育主体的人格与地位的尊重、缺乏对师生关系作为道德教育内容载体的伦理认知所导致的教育者权威的滥用。在这种情况下，可想而知，教育者与受教育者之间必然缺少一种应有的温情与对话，有的只是对冰冷规则的教条服从，从而导致道德教育的工具理性倍加突出。

案例2　一位法国教育心理家曾给上海的孩子们出了一道题目：一艘船上有86头牛，34只羊，问："这艘船的船长年纪有多大？"结果有90%的学生给出的答案是86-34=52岁，10%的学生认为此题非常荒谬，无法解答。当然，这10%的学生是答对了。法国专家对给出答案

---

[1] 吴也显、刁培萼：《切中时弊的研究课题》，《教育研究与实验》1996年第2期。

的同学调查后发现，他们之所以会作出答案来，是因为觉得"老师出的题目都是对的，不可能不能做"，"老师平时教育我们题目做了才能得分，不做的话一分也没有"。法国专家感叹：中国学生很听老师的话，因为同一道题在法国小学做实验时，超过90%的同学提出了异议，甚至嘲笑老师"糊涂"。①

为什么我们的学生没有质疑老师的勇气和精神，而之所以没有，是因为这在一向以"听话"为好孩子标准的中国教育观念中没有哪个教师会以这种类似无聊的问题来"戏弄"学生——在听话与不听话之间让学生左右为难、无所适从，因此师生关系的"问题"也无从发现。以真理掌握者姿态出现的教育者总是以灌输的方式来进行教育，并在此基础上确立了鲜明的"教"与"学"的师生角色意识。这种意识体现在道德教育中，受教育者则直接蜕变为"美德袋"，其面临的就是"美德是否可教"的责难。显然，美德之"教"是有着特殊要求的。

在道德教育实践中，作为教育活动载体的教育者与受教育者之间的关系，在很大程度上影响着道德精神的理解与传递，关涉道德的工具理性能否得到合宜的解释以至影响到其价值理性的发挥。正如包尔生所说："用来实现完善的生活的手段并不只是一种没有独立价值的、外在的、技术的手段，而是同时构成了完善的生活内容的一部分。正像营养学的手段（工作与锻炼、休息与睡眠）是生命的功能，同时又构成身体生活的成分一样，德性及其实行也构成了完善生活的内容。"②这里包尔生的意思是说，德性既是完善生活的一种手段，同时也是完善的生活内容的有机组成部分。按照此逻辑，在道德教育过程中，教育者与受教育者的关系既是进行道德教育的手段与载体，同时也是道德教育内容的有机组成部分。如果按照传统教育中"知识人"形象来定位教育者，那么教育者与受教育者的关系就只是道德教育手段与载体的关系，其作为道德教育

---

① 陆先声：《谁能猜出船长的年纪》，《今日文摘》2016年第16期。

② 弗里德里希·包尔生：《伦理学体系》，何怀宏、廖申白译，中国社会科学出版社1988年版，第10—11页。

内容的丰富伦理内涵就被这种定位所冲淡，乃至道德教育的价值理性只能被其工具理性所遮蔽。而遮蔽了价值理性的道德教育在实践中面对诸如"加强道德教育，提升道德教育有效性"的呼声，只能沦为道德悖论现象不断上演的"帮凶"。因此，正确理解的"教育者与受教育者关系"的需求就成为道德教育内在的研究要求，同样也是排解道德教育悖论现象生成的实践要求。

因此，根据道德教育及其价值实现规律，教育者与受教育者之间应是基于人格平等与尊重基础上的互动与对话的关系。平等与尊重是互动与对话的前提和基础，互动与对话是平等与尊重的要求和体现。一方面，只有师生间真正实现了人格平等与尊重，师生关系才能意蕴着伦理价值的要求，才能有效承担道德教育价值载体的任务；另一方面，只有通过互动与对话才能适应道德教育之"教"的规定。因为，道德教育的基本诉求是知善、行善，这就要求受教育者不仅要理解与接受"道德"，更要积极去践行"道德"，那种侧重于"道德知识教育"的道德教育极易导致教育者将道德"生吞活剥"式传授，从而引发受教育者对道德的生硬理解与误解。这种弊端可以通过教育者与受教育者之间平等的互动与对话来消除，"在完满的师生关系中，教师和学生双方在精神的理解和沟通中获得了新的经验，获得了精神的扩展，在交往中，各自都接纳了对方，构成了双方之间的精神交流，教师才能真正成为学生发展的引路人。在教育性的师生关系中，教育才是完整的教育"[1]。在互动与对话的师生关系中，道德教育才是完整的道德教育，这可以为道德提供"生成"而不是"灌输"的方式，可以最大限度实现道德教育善之价值并在一定程度上排解和规避道德教育悖论现象的生发。

第四节　排解道德教育悖论现象的社会机制

在既定的道德体系中，我们一直奉行的都是利他且不求回报的价值

---

[1] 金生鈜：《理解与教育——走向哲学解释学的教育哲学引论》，教育科学出版社1997年版，第129页。

观念，这种"为仁由己"的人性善预设却在"彭宇案"中受到了重创，使"扶不起""不敢扶"，一度成为人们"行善"的心理障碍。从生活实践中学习经验，是中国人所通行的俗世智慧。因此，一个道德恶例对人们的影响可能要远远超过几十年的教育和社会宣传的效果。在"恶例"已是既成事实的前提下，希望人们能够单方面地以较高的道德标准来要求自己，不顾可能惹来麻烦后果而继续热心助人，是不现实的。为此，社会学家指出，消除"恶例"影响重树社会良知的信心需要通过权威部门树立"良例"来完成。这固然是挽救人们对社会良知信心的一种方法，但这只是技术层面的一种道德修补，更深层次的应该是建立相应的社会机制来树立人们对道德的信心和信念。因为"恶例"的出现充分折射出了传统道德文化中公平观念的缺失，导致道德义务完全覆盖了道德权利，使得道德客体享用道德主体服务的善果乃至出现"美德绑架"等异化了道德的悖论现象。

一、权利与义务

在我们言说道德权利与道德义务之前，有必要就权利与义务的基本内涵进行相关梳理。权利作为一个政治学、法学与伦理学术语，始于17世纪末、18世纪初，伴随着资产阶级革命的兴起，尤其是《弗吉尼亚权利宣言》(1776)、《法兰西人权宣言》(1789)的出台，其获得了广泛的运用。1948年，联合国大会通过的《世界人权宣言》，使得权利的普遍性和重要性日益凸显。尽管从不同的哲学立场和学科门类出发对"权利"的界定不尽相同，但也有着基本的共识，即权利的"要旨就是每一个人都是具有'自由意志'，即具有'自在自为的意志'的自主人格的人，并受到他人的尊重……这样的'人'，也如康德所说'自身就是目的'，而'不可被作为手段'，对人之为'人'的尊严作了高度的概括，表达了人之'权利'的真谛……而为了维护人的尊严，就有资格主动地提出应享有的要求或诉求（而不是恩赐），这就是近代以来关于'权利'概念的基本含义"①。具体来说，它包括基于"人"之资格提出的要求，即道德权利；基于国家"公民"之身份提出的要求，即法定权利；基于"契约"之规定的约定权利。显然，本书所论及的视域是以人的尊严为核心的道德权利。

自古以来，权利与义务就是对等的一对范畴，从来"没有无义务的权利，也没有无权利的义务"②。义务，从词源上说源于拉丁文的"due"，有欠债应还之意，是与一个人应对别人做某种事情联系在一起的。在这个意义上，就有了密尔的"义务是可以强索的，像债务可以强索一样"③的论断，如此来看，义务的本义必然是与权利紧密相关的。显然，此等狭义之意在今天已有所泛化，"它不只是意指与他人的权利要求相应的行为，而且还意指源于法律和某种更高权威的要求的行为，或是源于人的道德良心的要求的行为，这样一来，该词与他人的权利要求相对应的意义就被淡化了许多，而变成了一个意指所有无论出于何种理由我们都应当为之的行为的术语，并且具有更浓厚的道德色彩"④。但这种道德色彩显然只是为义务涂上了厚重的一笔，却忽视了与之对应的权利的立场，或者准确地说，只是凸显了道德受惠人的权利，忽视了施惠人的权利，由此导致在同一个人身上割裂的权利与义务却在作为道德客体的受惠方与道德主体的施惠方身上实现了统一，所以对于个体来说，总是被一种义务感所压迫。这在某种程度上可以解释传统伦理学中道义论的那种强烈的义务感的来源。

如果说，权利是应享有的要求，那么义务则意味着要履行的责任。二者的关系，罗斯曾在《正当与善》中作了详细的探讨，他认为权利与义务的密切关系可以借助四种独立的陈述来展现：

（1）A对B的一种权利意味着B对A的一种义务。

（2）B对A的一种义务意味着B对A的一种权利。

① 朱贻庭：《"权利"概念与当代中国道德问题研究》，《探索与争鸣》2004年第10期。
②《马克思恩格斯选集》第2卷，人民出版社1995年版，第610页。
③ 转引自沃尔德伦编：《权利理论》，牛津大学出版社1984年版，第168页。
④ 余涌：《道德权利和道德义务的相关性问题》，《哲学研究》2000年第10期。

（3）A对B的一种权利意味着A对B的一种义务。

（4）A对B的一种义务意味着A对B的一种权利。

在（1）中被断定的是，A有权利让B对他做某种个别行为，这意味着B有对A做那种行为的义务；（2）断定了反过来的含义；（3）的意思是，A有让B对他做某种行为的权利，这意味着A有对B做另一种行为的义务，后一种行为或者是与前一种同类的行为（比如要求别人讲真话的权利便意味着自己讲真话的义务），或者是与前一种不同类的行为（比如服从的权利意味着统治良好的义务）；（4）断定了反过来的含义。①

虽然罗斯是在力求分辨四种陈述在何时为真的意义上罗列了权利与义务的关系，这种充满分析哲学气息的严谨细致的做法我们不置可否，一般来说，这四种陈述还是较为恰当地指出了权利与义务的辩证关系，而且在学理层面它们也应该是这样一种关系。但在实际生活中，四个独立陈述为真确实有着不尽如人意的时候，这早已为弗兰克纳所感知："一般说来，权利和义务是相关的。如果X对Y有一种权利，那么Y对X就有一种义务。但我们已经看到，反过来却不一定正确。Y应对X仁慈，而很难讲X有要求这一点的权利。"②类似看法拉斐尔在《道德哲学》中也有所表达，他认为，与你对自己独自赢得的东西拥有一种权利不同，你没有要求仁慈的权利，仁慈是一个施惠的问题。可以肯定，一个有良心的人会觉得他有义务成为一个仁慈的人，但对于受惠者来说，这是一种恩惠，而不是一种权利，仁慈作为一种义务，它是一种"责任外的义务"，它超越了"完全的责任"的义务和公正义务绝对要求我们去做的事情。③也就是说，仁慈、慷慨等道德品质具有作为义务的充分条件，但其对应的权利却很难论证。一句话，法定和约定中的权利与义务可以很容易地实现内在的契合，但在道德领域却需要一定的阐释。但这也仅仅是一种

---

① 戴维·罗斯：《正当与善》，林南译，上海译文出版社2008年版，第105页。

② 威廉·K.弗兰克纳：《伦理学》，关键译，生活·读书·新知三联书店1987年版，第123页。

③ 转引自余涌：《道德权利和道德义务的相关性问题》，《哲学研究》2000年第10期。

阐释而已，相对于学者们致力于构建权利与义务在道德领域中的体例关系，笔者认为，从排解道德教育悖论现象来说，它需要的可能就是对植入的道德权利与道德义务的立场作一番说明。

二、道德权利与道德义务

中国道德哲学中缺少道德权利的概念，这种道德传统通过道德教育在今天的道德生活中仍有续延，从而导致重义务轻权利的不公平的价值取向或明或暗地以悖论的形式淡化和消解着道德教育的应有效果。要想认识和改变这种局面，首先要理顺何谓道德权利与道德义务。

"所谓道德权利，系指人们在道德生活——社会生活的最为广泛的方面——中应当享有的社会权利；具体地说，就是由一定的道德体系所赋予人们的、并通过道德手段（主要是道德评价和社会舆论的力量）加以保障的实行某些道德行为的权利。"[1]这种主张更为鲜明地体现在唐能赋的《道德范畴论》中："道德权利就是道德主体的人在履行道德义务、责任或使命等活动中所应享有的权利。"[2]余涌先生在其博士论文《道德权利研究》中，将道德权利界定为："道德权利者基于一定的道德原则、道德理想而享有的能使其利益得到维护的地位、自由和要求"。[3]总体来说，这些界说所传达的核心精神充分体现在学者万俊人的描述中："（道德权利）乃是有着明确道义限制的权利。道德权利的根本特征，是它必定与某种道德义务或责任相关联。换句话说，道德权利是能够直接诉诸道义论评价的权利。"[4]对此，笔者也持赞同意见。道德权利应该是与道德义务相生的范畴，但在伦理学的视野内，后者却一直占据着显赫的位置，前者却很少论及。如果说德性可以理解为一种义务的话，那么洛克的"荣誉是德性的奖品"在一定意义上可以解读为履行义务的回报，或者说荣誉在某种意义上可以理解为道德权利的体现。也就是说，道德权利总

① 程立显：《试论道德权利》，《哲学研究》1984年第8期。
② 唐能赋：《道德范畴论》，重庆出版社1994年版，第156页。
③ 余涌：《道德权利研究》，中国社会科学院博士学位论文，2000年。
④ 万俊人：《寻求普世伦理》，商务印书馆2001年版，第377页。

是应该在道德义务的视线内获得阐释。一定道德义务的履行，尤其是某些具有潜在危险性的道德义务的履行相对应的应有一定道德权利的享受，这种权利可以借助多种形式来体现，当然施惠者可以放弃权利，但同时，施惠者也可以放弃某些道德义务的履行，这也是道德义务不同于法律义务的地方，因为"道德义务……不是道德的基础，而是道德的结果"①。这说明，道德义务不是"是"，而是"应是"，更多地要借助自律，而法律义务则靠他律。因此，这种基于自律的道德义务的履行是对自身的一种超越，就是"善"，应当给予肯定。但在传统道德文化中，却缺少这种肯定，或者说缺少对这种肯定的正视。传统道德文化认为人先天就有四善端，为"善"乃本性之拓展而已，如此在先天预设了善性的同时逻辑上就架空了权利存在的可能性，更没有必要性了。但生活有其自在的逻辑，不是由假设来安排，因此，当先验假设在后天生活中遭遇挑战时，就像胡守钧教授所言的"从生活实践中学习经验是中国人俗世智慧"的典型表现，但"人类道德文明发展进步的历史轨迹……不是社会生活中实际存在过的世俗经验史"②，这就要求我们，一方面要对人们的俗世经验进行引导，另一方面要对先验预设进行某种修正。合其二者而观，将道德权利"植入"道德文化体系中不失为一种良策。一方面，正是先验假设中对道德义务的强烈推崇，在消解了道德权利意识的同时，将人们抛入了"为仁由己"却难抵生活逻辑验证的尴尬境地，由此导致道德悖论现象的上演。另一方面，面对"好心没好报"等类似道德悖论现象，未经反思的人们不自觉地从经验出发选择了从"为仁由己"中抽离"己"来排解道德悖论现象的做法，导致整个社会呈现出道德冷漠的隐忧，这是我们不愿看到的。实际上，这也证明未经省察的经验选择又走向了另一极端，即规避道德义务的履行，显然是不明智的一种做法。因为道德义务是道德的灵魂，它通过道德主体的体认发挥作用，而抽离了道德主体的道德必然是无生命力的道德。而既能发挥道德

---

① 丹瑞欧·康波斯塔：《道德哲学与社会伦理》，李磊、刘玮译，黑龙江人民出版社 2005 年版，第 31 页。

② 钱广荣：《道德悖论研究需要拓展三个认知路向》，《安徽师范大学学报》（人文社会科学版）2007 年第 5 期。

义务的诱善功能又能够化解其可能引发的道德悖论现象的方法就是激活与之相对应的道德权利。"在伦理学的视野里，公平是关于道德权利与道德义务的均衡，体现的是道德义务主体对其应有的道德权利的呼唤。"①道德权利的引入可以警醒人们的公平意识，这是对"为仁由己"的义务论的一声断喝，在一定程度上可以实现对拘泥于人性善信念的传统道德文化的某种纠偏，从而避免"农夫与蛇"类似悲剧的上演。从另一个角度说，道德权利的存在可以从最大限度上彰显道德义务的善之价值。在此，道德权利指的是施惠人在履行一定的道德义务后应该享有的一种权利，而不是指的受惠人有资格要求帮助的那种权利；是从道德义务中衍生出来的权利，而不是与"人权"同义的那种广义上的道德权利。"没有无义务的权利，也没有无权利的义务"②，马克思的这句话在道德生活中正确的解读应是道德权利与道德义务不仅辩证统一于施惠者或受惠者的身上，而且辩证统一于施惠者与受惠者之间。也就是说，在道德要求的实现过程中，道德义务与道德权利的统一，不仅体现在不同的主体之间，也体现在同一主体身上。对于施惠者来说，在履行了道德义务之后，其就获得了享有某种要求的道德权利，这既是对其行为的肯定，也是对其行为的鼓励。而这种道德权利就体现为受惠者的道德义务，在接受了一定的援助之后就附上了一定的义务。这也是公平在道德领域中的体现和要求。

三、道德权利补偿的机制

"机制"一词，最早源于希腊文，原指机器的构造和动作原理，后泛指"一个复杂的工作系统和某些自然现象的物理、化学规律"③；"一个工作系统的组织或部分之间相互作用的过程和方式。"不难看出，机制在系统功能中的重要地位。机制的形成和合理运行，可以达到工作系统自

---

① 钱广荣:《道德要求的实现需要公平机制——由小学生拾金不昧后"得不到一面锦旗"谈起》,《道德与文明》2002年第1期。

②《马克思恩格斯选集》第2卷,人民出版社1995年版,第610页。

③《现代汉语词典》,商务印书馆1995年版,第523页。

适应的协调状态，从而实现系统目标的优化。由此来看，道德权利补偿的机制其内在诉求就是基于公平的考虑以对道德权利进行某种补偿的方式来凸显道德善之价值。

在道德现象世界，道德义务是道德的核心与灵魂，道德教育的目标就是实现人们对道德义务的自觉体认、主动践行。但从逻辑上说，有道德义务，就有道德权利，不论是生活逻辑还是理论逻辑都已证明，道德权利的缺场对于道德义务的践行、道德价值的实现有着某种制约作用。因此，综合各方面因素的考量，道德权利都有激活的需要。接下来的疑问在于，"悖论"作为道德现象世界中的一种普遍存在的形式，道德权利的引入会不会适得其反，出现道德权利对道德义务的僭越，由此消解了道德本身？为了化解可能出现的隐患，必须对公平机制所要实现的目标进行审思。首先，要明确的是公平的价值指向不是道德权利与道德义务间的等值等量的对等。一般来说，道德义务是绝对的，道德权利是相对的，而这是一种信念。为了维系和巩固这种信念，必须排解绝对义务所可能带来的道德悖论现象，由此才有了道德权利的出场。也就是说，道德义务及其价值实现的广阔市场是道德权利存在的理由。因此，进一步阐释道德权利的阈限就是其次的任务。需要说明的是，权利不等于利益，权利"仅仅是一种允许或能力"（黑格尔语），它允诺人们去追求自己的合法利益，但它不等于利益本身。一般来说，权利需要通过主张人举证而不是直接规定的形式来明确利益所在。这说明，权利为利益提供了存在的资格，但反过来，利益并不必然附于权利之后。体现在道德生活中，就是伴随施惠人的道德义务而来的道德权利（对于受惠人来说，则是道德义务）仅仅为施惠人提供了追求其合法利益的资格或可能，并不必然呈之以利益。其一，道德权利不是因利益而设，利益也不是为鼓励道德权利而有，不论是道德权利还是利益在道德生活中归根到底都是为道德价值实现之手段；其二，道德权利与道德义务互为逻辑，而利益则是在道德权利的逻辑中生成的，因此，利益于道德义务的逻辑就是要为那种因道德权利的遮蔽而可能导致的道德恶之价值凸显的情境提供一种补救。这对遮蔽的道德权利来说，则是一种补偿，这即是公平机制于道德权利补偿的运行原理。需要说明的是，在道德生活中实践此原理则是一项系统工程，需要从制度建设、观念建设和机构建设等层面来理解和把握。

此处，对于涉及的利益及利益与道德的关系都要有正确的理解。在传统道德文化中，"义利之辩"一直都是以"重义轻利"的姿态贯穿始终并直接影响到现代道德的基本精神。在义与利的对比中理解"利"，显然有将之局限于物质利益范畴的倾向。实质上，"利益"是个内涵丰富的概念。根据历史唯物主义的基本原理，利益是从人和人类社会的生存和发展的物质需要、政治需要以及精神需要中产生的。"所谓'利益'就是指这些需要能否满足以及满足的程度，由此而产生了经济利益、政治利益和精神利益。"①其中，经济利益是其他利益的基础，它们共同构成人类活动的动力。而道德是调节利益关系的，"人们为之奋斗的一切，都同他们的利益有关"②。"如果只讲牺牲精神，不讲物质利益，那就是唯心论。"③因此，道德是不能一味在"舍利取义"的斗争思维中生成，必须是"义利"并举。那种抽取了"利"的道德只能演变为抽象的教条，同时也会扼杀人们自觉践行道德的热情。当然，利益的多元化也决定了正确理解的利益才是道德的基础，因此，对于因"舍利取义"而陷入种种困境的道德主体来说，或许他们没有期待回报，但对于社会良知来说，必须给予这种行为一种补偿，因为它不仅关乎类似行为选择，也关乎道德人文关怀的彰显，而补偿的方式也不一而论。正因为"利益"的内涵与类型的多元化，公平机制的运行必须经由无关乎道德主客体利益的第三方根据具体境遇来裁定，这也是基于公平、公正的考虑。

四、教育伦理委员会在社会机制中的特殊地位与作用

在道德教育实践中，师生间的矛盾与纠纷、不同道德教育观念的冲

---

① 宋希仁：《伦理与人生》，教育科学出版社2000年版，第51页。
② 《马克思恩格斯全集》第1卷，人民出版社1995年版，第187页。
③ 《邓小平文选》第2卷，人民出版社1990年版，第146页。

突与调节、突发危机的应对与化解等事件，本身就是道德教育的载体、可以充当道德教育的资源。当然，这需要借助令人信服的处理结果才能彰显其道德教育的价值。因为这些事件无不具有"二难"性质的倾向，极易诱发道德教育悖论现象从而影响道德教育价值的实现。而令人信服的处理结果，则需要尊重双方的自主意志，并兼顾双方的利益，这就需要与双方利益无关的第三方出现，并要求其具有一定的专业背景。如此，如何以公平的立场来应对道德教育实践的挑战以最大限度地发挥道德教育善之功能就成为具有实践品格的应用伦理学所要考量的难题。在此，作为应用伦理学实践平台的伦理委员会的出现在某种程度上可以回应上述难题。伦理委员会主要立足于伦理道德的视野来寻求合宜的、符合道德要求的解难方案以实现"不伤害"的诉求。对于道德教育活动而言，教育伦理委员会可以在其职责范围内以形成道德共识的方式为某一道德教育难题、道德教育困境来脱困，这也是民主时代以民主方式化解冲突与纷争、实现公平与公正的一种有效途径。

道德共识是在严密的集体决策程序中完成的，也就是说，首先要建构一套形成共识的程序，这个程序主要是通过相互尊重基础上的理性交谈与对话的形式来运行。作为理性论证基础上的共识意见，其来源应该是一个各方人士构成的集体的切实建议，即包括伦理学家、技术专家、法律人士、普通市民等在内的相关人员。第一，"交谈者或对话者必须是专业人员，掌握道德理论和相关的专业知识，拥有敏锐的判断力和及前瞻性思维的能力"①；第二，对话与交谈的范围只能在"可以通观的小组"（苏格拉底语）里，因为只有在这种微型的机构中，拥有专业知识的主体间才有可能实现论据的理性交流与充分互动。而这样的要求完全可以在"伦理委员会"中得到满足：由来自社会各层相关代表组成的伦理委员会可以使社会中各个阶层与群体的利益和要求在伦理委员会的决策程序里都尽可能地得到顾及和体现。但总体来说，伦理委员会的成员并非随意挑选的人员，而是基于他们在某一领域的经验而被召集在一起的。其中，"伦理学家能够为整个作为道德规则之起源的交谈程序提供哲学理

---

① 甘绍平：《应用伦理学前沿问题研究》，江西人民出版社2002年版，第22页。

据，能够以专业的方式与论据打交道，能够敏锐地发现论证的矛盾、循环论证及不合宜的类比"[①]，而普通市民代表可以避免某种先入为主的专业观点的影响，或许能为伦理委员会的决策提供较为可靠的经验，从而确保伦理委员会决策的视点和方向能够最大程度地达成道德共识。在这个意义上，之所以诉诸"伦理委员会来做出某项道德决策，是因为多个人的经验一定会胜过个别人的理性"[②]。在此基础上形成的道德共识的指导下，社会生活中的伦理冲突与道德悖论的决断便赢得了理性与科学意义上的质量保障，其结论自然就明显优于那种随意的、情感化的意见，尽可能地确保了在尊重他人意志的基础上实现公平公正的诉求。实践证明，伦理委员会完全具有充当化解和调节种种道德困境的能力。早在柏拉图的理想国中，政府实质上就是由伦理委员会构成的。如果说，历史上的论述具有乌托邦的色彩，那么在今天伦理委员会已日益成为决策形成的舞台。

　　总的来看，已成立的伦理委员会主要集中于受科技迅猛发展冲击较大的领域，其中尤为突出的就是医学领域，东西方都设立了关涉生命的生命伦理委员会、医学伦理委员会、实验动物伦理委员会，如美国的医院伦理委员会、德国的研究伦理委员会等。显然，对于伦理委员会的地位与作用的认识还有待深入和推广，其生命力借助道德悖论现象普遍性的揭示必将在广阔的社会生活中普及开来。作为人类的一种实践活动，担负着传承道德文明、体认道德价值任务的道德教育面对诸多的道德悖论现象，需要其理论研究者更新道德知识的背景，给予道德实践的具体指导。根据伦理委员会作用的阐述，教育伦理委员会显然可以在这个层面为化解道德教育悖论现象作出一些努力，在形成道德共识的基础上力求关注与维护他人的尊严与利益，最大限度、最大可能规避道德教育恶之影响，彰显善之价值。因此，教育伦理委员会的成立有着实践逻辑的必要，这是基于道德教育价值实现规律的一种考量，更是社会公平机制在道德教育中的反映。

---

① 甘绍平：《应用伦理学前沿问题研究》，江西人民出版社2002年版，第23页。
② 曹刚：《道德难题与程序正义》，北京大学出版社2011年版，第137页。

　　需要说明的是，教育伦理委员会于道德教育悖论现象的排解并非尽善尽美的，毕竟道德共识自身就是一种妥协的产物。根据教育伦理委员会成员认可情况，有强共识、中等共识和无共识之可能，而在无法达成共识的时候，只有诉诸表决且由多数决定，也就是说，它对于道德教育悖论现象的排解也只是相对的。

第六章　排解道德教育悖论现象的
　　　　　实践方案

　　道德教育悖论现象不纯粹是某一种道德理论自身的困境，也是人类认识和改造世界的实践过程中的一种产物。因此，对道德教育悖论现象的排解不能囿于理论层面的探究，也要注重具体实践活动的探讨。一方面，从辨明道德悖论的矛盾实质出发，可以借助情境理论对广泛渗透在道德生活中的悖论现象在作情境区分后探讨悖论排解的方案；另一方面，从把握道德矛盾引发的伦理困惑出发，借鉴哲学践行的做法探讨悖论排解的方案，以求为道德教育悖论现象的排解提供实践上的可行之道。

第一节　情境解读

　　"道德悖论研究"是近年来伦理学与逻辑学交叉研究的新兴领域。围绕"道德悖论"是否属于"悖论"的范畴，伦理学界与逻辑学界展开了观点交锋，促进了对道德悖论问题的深入认识，同时也提出许多待解决问题。本书在借鉴当代情境理论（situation theory）和情境语义学（situation semantics）中的"情境"理论的基础上，引入"语境""心境"及"事境"等新概念，不仅有助于辨明道德悖论的矛盾实质，也有助于探求道德悖论的消解方案，从而帮助消除道德的负能量、走出进退两难的道德困境之路。

一、道德悖论的指认

道德悖论研究的动因来自对诸多现实道德问题的理性反思。从道德悖论的研究情况来看，以道德悖论指认的典型道德问题有以下典型案例：

案例1　德性论规则应用中的"二难"循环。假设两人分大小不一的两个苹果：依德性论的规则，先拿且拿小苹果者，通常被认为是道德的，反之则是不道德的。如此，德性论用假设的方式制造了一系列的矛盾：先拿且拿小者"不自觉"地把"不道德"的恶名留给了后拿拿大者，前者道德价值的实现以牺牲后者的道德人格为代价；若后拿拿大者也是一个讲道德的人，就会出现两人终因相互谦让而分不成的结果；若后拿拿大者是一个不讲道德的人，那么先拿且拿小苹果的行为就意味着姑息、纵容甚至培育了后拿拿大者的不道德意识——讲道德的良果同时造出不讲道德的恶果。①

案例2　同一伦理原则应用中的自相冲突。例如，依据维护人的生命权的伦理原则，在孕妇难产时，面对两条人命，应保孕妇还是保胎儿？面对火灾，消防队员因环境条件所限，只能救出双胞胎中的一个，他应如何抉择？这类问题涉及同一伦理理论(原则、规范)在应用到不同对象时发生冲突的情形。

案例3　不同伦理原则导致的选择难题。一个人作为一个军官来说，在一些长期危及生命的事业中作为领导者，这是他或她的责任；作为一个身心严重失调孩子的父母来说，不长时间远离家庭，不冒险让孩子处于无父母照看的境地，这是他或她的责任。当冲突发生，无论他或她怎么做都不免会对一些人造成严重的伤害，似乎找不到正确行动的方向。②

案例4　道德与道德价值的悖性冲突。苏格拉底作为一个个体，其生命的存在方式和终结方式是一个悖论性的道德悲剧，这种悲剧不是由于

---

① 钱广荣：《道德价值实现——假设、悖论与智慧》，《安徽师范大学学报》(人文社会科学版)2005年第5期。

② Alasdair Macintyre，"*Moral Dilemmas，Philosophy and Phenomenological Research*"，*Supplement* Vol. 50，1990.

苏格拉底的道德观念和道德实践的不一致造成的，恰恰相反，是由于他过于执着地追求和实践他内心中的道德信念才导致了他的道德悲剧性。苏格拉底的悲剧人生实质上是古希腊的道德矛盾和价值冲突的个体表达形式。①这种遵守道德却引发价值冲突的情形被以色列学者史密兰斯基（S. Smilansky）称为"道德与道德价值的悖论"②。

上述以"道德悖论"指称的"道德问题"，基本代表和反映了"道德悖论"的核心所指，即出现在道德价值实现过程中的矛盾、冲突等悖性事态。这些事态并非基于某种道德主张的理论假设，而是源于直接而又具体的道德实践。对此，以色列学者史密兰斯基（S. Smilansky）在其专著《10种道德悖论》（10 Moral Paradoxes）中提出，"道德悖论"多是揭示道德现实问题的，而不是逻辑推理荒诞的"前提"问题。③为此，他特将自己所论的道德悖论指认为"存在悖论"（existential paradox）。可见，"道德悖论"本质上不是拿着悖论概念的标尺衡量出的严格称谓，而是伦理学界对实践理性领域出现的"悖性矛盾"的一种指认。笔者认为，参照目前学界具有较高公认度的一种悖论界说，或可加深对这种"悖性矛盾"的认知。

所谓（逻辑）悖论是"指谓这样一种理论事实或状况，在某些公认正确的背景知识之下，可以合乎逻辑地建立两个矛盾语句相互推出的矛盾等价式"④。简言之，"公认正确的背景知识""严密无误的逻辑推导""可以建立矛盾等价式"，是构成严格意义逻辑悖论必不可少的三要素。⑤其中，如果不能"建立矛盾等价式"，可谓为"半截子悖论"⑥；如果违反"严密无误的逻辑推导"，可谓为"伪悖论"或"佯悖"；如果不是"公认正确的背景知识"，可谓为"悖论的拟化形式"⑦。由此观之，在悖

① 晏辉：《是道德悖论，还是价值冲突？——苏格拉底伦理问题解读》，《内蒙古大学学报》（人文社会科学版）2002年第1期。
② Saul Smilansky, 10 Moral Paradoxes, Blackwell Publishing, 2007, p.7.
③ Saul Smilansky, 10 Moral Paradoxes, Blackwell Publishing, 2007, p.4.
④ 张建军：《逻辑悖论研究引论》，南京大学出版社2002年版，第8页。
⑤ 张建军：《逻辑悖论研究引论》，南京大学出版社2002年版，第7页。
⑥ 张建军：《逻辑悖论研究引论》，南京大学出版社2002年版，第5页。
⑦ 张建军：《逻辑悖论研究引论》，南京大学出版社2002年版，第9页。

论的三要素中，"建立矛盾等价式"与"严密无误的逻辑推导"是逻辑悖论的形式要求，而"公认正确的背景知识"则是逻辑悖论的内容要核。换言之，"公认正确的背景知识"是悖论之"悖"的根源，它既是成就悖论的核心要素，也是悖论之成立的显著要素。就该要素对于悖论的重要性，张建军曾指出："这正是该定义的最重要的价值之所在"，"背景知识"的"公认度"决定了"悖论度"。[①]在这个意义上，可从"化悖论为一般方法"的应用角度指认，从"公认正确的背景知识"合乎逻辑地推出自反性的矛盾，即可谓"悖论"。这或许是伦理学界使用"道德悖论"指称的关键所在。

就道德悖论的实质来看，上述四种"道德问题"确实都内含悖性矛盾：在案例1中，德性论视域中的"分苹果"，成就自我谦谦君子的"道德行为"可能就会姑息他人爱占便宜的"小人行径"；在案例2中，平等生命权视域中的"救人"，救治某一个生命的"道德行为"就意味着放弃乃至谋杀另一个生命的"不道德行为"；在案例3中，同一事例中的"规则"，选择成全某一种道德规则可能就意味着对另一种道德规则的无视和践踏；在案例4中，伦理视域中的"德行"——苏格拉底知行合一的道德行为却遭到"以死谢罪"的不道德惩罚。显而易见，德性、生命、规则、德行，无一不是"公认正确的背景知识"，都是社会所积极倡导的道德价值，但这些道德价值在具体实现的过程中却合乎逻辑地演绎出了自反性的矛盾。这种自反性的矛盾未见得"可以建立矛盾等价式"，所以不隶属于严格的逻辑悖论范畴，但就其实质来说，以"道德悖论"来指称和反映"公认正确的道德背景知识"在实践中合乎逻辑出现的背反性矛盾亦无不妥。

二、道德悖论的情境解读

虽然上述四种典型案例基本上代表了目前道德悖论研究的主要对象，都可以"道德悖论"指称，但它们的表现形式并不相同。这与"道德悖

---

① 张建军：《广义逻辑悖论研究及其社会文化功能论纲》，《哲学动态》2005年第11期。

论"由以推出的"公认正确的背景知识"是一个涉及认知主体的语用学概念不无关系。笔者认为，借助情境语义学的"情境"理论，可以较好地揭示和分清这一语用学概念所内含的不同层次。

情境理论创立于20世纪80年代初，其创始人是巴威斯（J.Barwise）和佩里（J.Perry）。他们认为，自然语言的主要功能在于传递信息，而语言信息的传递和接收总是受情境因素的影响和制约，它们可能在一些情境中为真，也可能在另一些情境中为假。因为"情境"（situation）是与认知主体具有本质关联的对象集合，"是由主体选择或区分并高度组织起来的世界的一部分"[1]，是经由认知主体的思想处理并受到认知主体的信念、态度、目的等主观因素影响的有限现实世界。一言以蔽之，"究竟什么构成情境，在很大程度上是主体的事，情境都与主体有关"[2]。在这里，同一个语言表达式，不同的人在不同的时空场合或在与周围世界的不同联系中使用，都可以有不同的解释，这影响了人们之间的沟通和交流。所以，为了阐释和说明自然语言的丰富意义，他们从信息流动和信息内容的角度建构了情境语义学这种意义理论。对此，巴威斯曾说："情境理论的目的就是为构建信息内容理论提供工具。"[3]这个工具表明，信息本质上就是关系，而意义就是按照事物之间的关系来解释的。一个语言表达式的意义不仅存在于这个表达式本身之中，而且主要是存在于这个表达式和它所描述的情境的关系之中。[4]一方面它与各种对象有系统的联系，另一方面它还与其使用者的心灵有系统的联系，这两种联系组成了人们说话时所处的情境。人们之间如果要进行成功的语言交流，必须把握到对方说话时所处的情境，以澄清同一表达式在不同的认知主体、不同的时间与空间、与世界的不同联系等不同情境使用中所蕴含的内在本质，还"真"以动态发展的本性。这启示我们反观上述不同形式的"道德悖论"都是在什么样的情境中来言说"公认正确的道德背景知识"这个推论前提的。

① Keith Devlin, *Logic and Information*, Cambridge University Press, 1991, p.30.
② 张建军：《当代逻辑哲学前言问题研究》，人民出版社2014年版，第132页。
③ Jon Barwise, *The Situation in Logic*, CSLI Publications, 1989, p.257.
④ 吴允曾：《吴允曾选集》，北京科学技术出版社1991年版，第99页。

按照传统德性论的要求，面对一大一小两个苹果，先拿且拿小苹果者，表现出利益面前"先人后己"的"谦让"情怀，符合"道德的"评价。这也是一直以来我们所宣扬的道德行为模式。确实，以儒家德性论为主导的道德系统也培育出了大批的仁人君子；但问题在于，其中也衍生出不少满口仁义道德的伪君子，肆意享用别人先拿且拿小的"讲道德"的成果。如此，才有了案例1中对德性论的反思。实际上，德性论作为一种道德理论，本身并没有错，但如果认知主体对其理解和把握脱离情境这一参量，而一味"按规章制度办"，就很容易走向理论反面。在"分苹果"的情形中，所了解的信息就是"一大一小两苹果"与"德性论"的分配规则，而对时间、地点、环境、人物及其背景、态度、目的等这些影响分配规则的语言意义的语境因素一无所知，由此对德性论的理解势必是抽象的、生硬的，最终陷入自相矛盾的悖理之中。这种在道德价值实现过程中因特定语境所限，某一道德理论出现了不能逻辑自洽、自我兼容的情况，可称之为"道德悖理"。

每个人都具有同等的生命权，同样具有获救的权利和资格。所以，危急时刻，负有救死扶伤职责的医生和肩负灭火救援任务的消防员等会全力以赴地抢救他人，这也是公认度较高的伦理原则与道德规范。在这个问题上，古今中外的伦理学应都不会有疑问，清晰明确的规定不仅已经外化为行为的选择，还内化为品行的操守。但再明确清晰的规定，可能也不会具体到"人命之间的冲突该作何选择"。所以，案例2中，维护人的生命权的伦理原则，面对同样需要救助的两个对象却只能择其一的情形，就不得不陷入左右为难的困境。把原则与对象颠倒一下，即一个对象或事例面对两个相左的道德规则却只能取其一，就是案例3所面临的道德困境。从案例2到案例3，不难发现，不论是平等生命权的道德原则还是各有考量的道德规则，本身都是合乎道德的，适应的对象也无不妥，主体只需要作出"救谁"与"寄否"的选择即可，但置身于具体情境中掌握主动权的主体依然难以决断。应当说，"为仁由己"，但"仁"在"己"中的道德价值实现模式赋予主体的主动性与能动性，在很大程度上成为其心生纠结的直接动因，而相互冲突的道德原则和道德规则是其左右为难的客观诱因。这种在道德价值实现过程中因道德原则或道德规范的相互冲突而导致主体艰难抉择的心境状态，称之为"道德悖境"。

作为古希腊的先哲，面对失去家庭伦理和宗教道德支撑而陷入危机中的雅典，苏格拉底终其一生都在为之谋划新的伦理道德根基。他认真践行其所主张的道德信念，为危机中的雅典城邦和人民指明方向，为此不惜拒绝"越狱逃亡"计划而选择泰然赴死，以对生的放弃，完成了他所追求的关于城邦公民道德理想的确立。这种高风亮节的理想人格、知行合一的人生追求塑造了每个时代、社会都极力倡导的道德观的范本，但苏格拉底不仅没有被雅典城邦所认可，反被雅典城邦以"不敬神"和"败坏青年"两条罪状判处死刑。苏格拉底的人生悲剧，着实令人深思：是他的道德信念出现了问题还是其身体力行的道德实践违背了神意？显然都不是。应当说，正是苏格拉底洞察了雅典城邦即将到来的危机，并顺应历史潮流指出人们应该追求一种客观、普遍的道德理性并遵照此种理性原则生活的主张，扭转了智者学派或将雅典带入价值的无政府状态的局面。然而，将拯救雅典作为毕生追求的苏格拉底所谋划事情的时空局限性，导致他一生的奋斗换回的只是一个悲剧，一个悖论性的道德悲剧。这种在道德价值实现过程中因时空所限出现的追求和实践道德信念的行为结果却事与愿违、有悖情理的情况，可称之为"道德悖情"。

三、道德悖论的情境消解

"道德悖论研究并不只是反思、揭示道德理论和实践中的道德矛盾，增添世人对道德矛盾的认知自觉，其研究诉求在于，通过积极思考，诊断问题症结，给出可能的消解方案。"①对道德悖论的情境理论研究正是基于此考虑。

案例1指称的道德悖论，实质上是通过分苹果的情境设置拷问了传统德性论的合理性阈限。在实践生活尤其是道德教育中，教育者往往倾向于将道德作为一种理论知识进行传授，教条化的教育模式忽视了道德原

① 王习胜：《道德悖论研究的价值与意义》，《道德与文明》2008年第6期。

本的功能与作用，即"道德的产生是有助于个人的好的生活，而不是对个人进行不必要的干预。道德是为了人而产生，但不能说人是为了体现道德而生存"①。此处的"好"不是某一个体的偏好，而是社会形成的共识，此处的"人"也不是某一具体的个人，而是抽象的类概念。所以，这种定位绝不意味着人们可以随意曲解道德以为己用，而是从发生源上表达一个历史事实：任何一种道德理论都是属人的、为人的，都会随着人类实践的进步而演变和发展。因而，本末倒置的道德教育势必导致人们对道德的理解是教条的、生硬的、僵化的，其"要使行为有所改善、趋善向善，变得比另外的情况下更好"②的价值诉求就会退而不见，相对于人来说，道德就异化为一种绝对存在，悖理现象就会顺势而生。以"分苹果"为例，如果参与分苹果的人有年龄、性别、态度等差异，诸如一老一少、一男一女、喜欢苹果与否，那么可以按照各种优先规则权衡分配，既体现了德性论的精神又兼顾了现实诉求，也不会有道德悖理现象出现；再者，如果分苹果的地点有主客之别、分苹果的目的有效用之分等差异，同样可以消除道德悖理；最后，如果分苹果的语境要素没有直接显现的差异，为了避免伪君子的悖理现象出现，一方面需要亚里士多德所谓的"明智"德性来甄别说话人的真诚度，另一方面则需要合理创新德性论的内核，置入"公平"这一道德诉求，这是规避道德悖理现象的根本要求。需要说明的是，如果脱离了具体语境的限制与辅助，任何道德理论都可能会在实践中遭到挑战与质疑。所以，案例1并不意味着对传统德性论的否定，而只是提请我们反思和注意道德理论的生命力与活力究竟应该如何激发与维护。

实践证明，即使完全理解某一道德理论在某一语境中的精神实质，也难免陷入悖境之中，案例2与案例3即通过两难选择拷问了道德价值贯彻中的冲突问题。面对孕妇与胎儿不能两全的生命抉择，"救人"的伦理原则到底应如何执行？这一类的道德冲突总体来说是因为主体无法满足

---

① 威廉·K.弗兰克纳：《善的求索：道德哲学导论》，黄伟合、包连宗、马莉译，陈曾贻校，辽宁人民出版社1987年版，第247页。

② 王艳：《"缺效""失效""反效"——道德教育"有效性"的三重境遇》，《安徽师范大学学报》（人文社会科学版），2013年第1期。

两种道德义务或规范的要求而引起的。不论是来自同一道德理论还是不同道德理论，从理论上说，两种道德义务或规范都有其合理性与合法性，所以才会导致主体心境冲突。这种道德悖境的消解可能需要将两种乃至更多不同的道德义务或规范按照某种考量进行价值排序，给出其中一种道德义务或规范优先性的定位，帮助人们作出选择，走出心境冲突。而价值排序的标准，可能并不取决于某一种道德理论的抽象自我证明。因为道德发展史表明，每一种道德理论的产生与发展都有其历史的现实需求，每一种道德理论都是在与实践的碰撞与磨合中修正完善，从而共同构成人类社会有序运行的规范性存在。所以，具体哪一种义务或规范会取得优先性，可能需要在融贯主义的视野下进行系统地把握。"作为一种伦理学方法论，融贯主义认为，不论是某一单个的理论或原则，还是某一个别的判断，其有效性或者其是否能够得到论证，都不能简单地归溯到某一终极的理论原点，而是取决于它与一个整体性的系统的内在关系，取决于它是否能与我们的理论或信念系统严密嵌合，取决于它与这一理论或信念系统的融贯度。"①这为冲突的道德义务或规范提供了权衡的现实基础。具体来说，孕妇与胎儿虽然享有平等的生命权，但对于一个尚无法自行决定去留的生命来说，抽象的生命平等是无法回应具体现实的拷问的，胎儿的生命权往往掌握在孕妇或其亲属手中。因为他们能够在整体性的系统内来评估"鱼与熊掌"的选择问题，在最大限度内实现"融贯"，尽可能"两害相权取其轻"，从而淡缓道德悖境现象的出现。

历史表明，即使主体完全明了了道德价值实现的状况，但其复杂性也决定了践行的结果可能依然有悖情理，案例4中苏格拉底的人生悲剧即是最好的说明。从今天来看，苏格拉底无疑是一位划时代的人物，他将哲学从天上呼唤到人间，把道德的可能牢固地契入人自身的理性中，开创了理性主义伦理学的先河。但对于当时以血缘与宗教作为道德基础的雅典城邦来说，苏格拉底的行为是危险的、动摇根基的，其主张无异于"离经叛道"，他越是知行合一越显示了对雅典城邦的"背叛"。从这一点来说，雅典城邦对其"不敬神"和"败坏青年"的控诉和审判并非不

---

① 甘绍平：《道德冲突与伦理应用》，《哲学研究》2012年第6期。

"合理"的，所以黑格尔才说："拿人自己的自我意识，拿每一个人的思维的普遍意识来代替神谕，——这乃是一个变革。这种内在的确定性无论如何是另一种新的神，不是雅典人过去一向相信的神；所以对苏格拉底的控诉完全是对的"①。时空的差异，导致人们对苏格拉底两种截然不同的评价。之所以如此，根源在于道德是一种特殊的意识形态，集实然与应然属性为一体，既有对当前的现实反映，也有对未来的超前预见。"预见"虽有立场之分，但都集中表达了对现实的"批判"。这种批判在一定的社会历史形态中往往以"恶"的形式出现，代表"对陈旧的、日渐衰亡的、但为习惯所崇奉的秩序的叛逆"，因此恩格斯曾批评费尔巴哈"没有想到要研究道德上的恶所起的历史作用"②，同时又指出"在黑格尔那里，恶是历史发展的动力的表现形式"③。所以苏格拉底的"预见"虽然是作为城邦公民从根本上为维护雅典城邦而作的一种自我批判，但雅典这匹被养得又肥又壮的血统高贵的惰马根本不领其情，不仅缺乏对苏格拉底洞见的识别，还以处死的方式对待这位贤哲，酿成一场道德悲剧。而要避免这样的悲剧，就在于权力拥有者是否能够顺应历史大势作出与时俱进的选择，这是超越时空所限消解道德悖情的必由之路。

总之，任何"道德悖论"都有其特定情境中的生成条件，也必然有合乎其自身成因的解决之道，其消解之路必须在具体历史情境中加以选择。企图以模式化的方式消解一切道德悖论的想法，无异于在构建道德世界的乌托邦。

第二节　伦理咨商

伦理咨商（Ethical Counseling）是当代西方哲学应用研究的新方向——哲学咨商（Philosophical Counseling）④的内容之一，与"哲学咨

---

① 黑格尔：《哲学史讲演录》第 2 卷，贺麟、王太庆译，商务印书馆 1960 年版，第 96 页。

②《马克思恩格斯选集》第 4 卷，人民出版社 1995 年版，第 237 页。

③《马克思恩格斯选集》第 4 卷，人民出版社 1995 年版，第 237 页。

④ 因为不同的理解，研究者对于"哲学咨商"的称谓并不相同，如哲学实践（Philosophical Practice）、哲学治疗（Philosophical Therapy）、哲学商谈（Philosophical Consultation）等，但并无实质的差异。

商"试图运用哲学的思想和方法帮助人们解决各种思想困惑的诉求相比，它更关注那些因价值、信念等伦理学课题而引发的"困惑"。作为一种以"明善"来"解惑、去苦"的伦理实践，"伦理咨商"如何建构一套有效的澄清观念、导引价值选择的咨商体系，成为其工作开展的现实需要。

一、伦理咨商的对象与内容

作为伦理咨商的属概念，哲学咨商既包括哲学的具体应用，也包括哲学应用的学理研究，这种定位同样适应于伦理咨商。但哲学自身"爱智慧"的宽泛理解，或许会让大家清楚哲学咨商的价值和意义，如法国著名哲学践行家奥斯卡·博列尼菲尔（Oscar Brenifier）将其哲学旨趣描述为"思考如何提高人们的批判性能力以及激发他们的创造力"[①]，加拿大咨商师瑞比（Peter B.Raabe）将其目的定为"帮助人们达到理智的判断"[②]，台湾学者潘小慧则以"帮助个体克服他/她个人所可能面临的成长障碍，以达到个体能力的最适当发展"[③]作为咨商目标。这些定位虽一定界说了哲学咨商之意欲为何，却依然让我们困惑：哲学咨商到底具体以什么作为咨商的对象？哪些问题可以进行咨商？这些边界问题显然在"用哲学的思想和方法解决思想困惑"的循环描述中是无法清晰化的，或许这可以满足秉持"价值中立"原则的"思想分析师"[④]的要求，因为他们强调以逻辑与语言作为分析工具以发现有问题的思想症结。但对于以"价值引导"为诉求的"伦理咨商"来说，发现问题症结只是第一步，如何解开症结实现价值引导才是其重心所在。因此，伦理咨商应有一定的价值预设，有其特定的对象与内容，这在某种程度上有别于哲学咨商的广泛性。

① 奥斯卡·博列尼菲尔、龚艳：《哲学践行——从理论走向实践的哲学运动——奥斯卡·博列尼菲尔访谈录》，《南京大学学报》（哲学·人文科学·社会科学版），2013年第3期。

② Peter B. Raabe, "Issues in Philosophical Counseling", Praeger, 2002.

③ 潘小慧：《哲学谘商的意义与价值——以"对话"为核心的探讨》，《哲学与文化》2004年第1期。

④ 潘天群：《逻辑学视域中的思想分析技术》，南京大学学报（哲学·人文科学·社会科学版）2013年第1期。

作为伦理与咨商的合成概念，"伦理咨商"中的"伦理"是其限定词，限定了"咨商"的范围，即伦理视域内的问题；"咨商"是其规定，规定了"伦理"问题的处理方式。由此，伦理视域内的问题就决定了"伦理咨商"的对象和内容，这直接涉及伦理学的对象问题。"从伦理学作为一门相对独立的科学起，对于伦理学的研究对象，就存在许多不同的理解。从总的方面看，绝大多数的伦理学家，都认为伦理学是研究道德的，是以道德现象作为自己的研究对象的。"①也就是说，有关"道德""道德现象"的问题总体上构成了伦理咨商的对象和内容。具体来说，道德作为一种实践精神，在以善恶方式把握世界的过程中出现的各种"道德矛盾"，诸如善与恶的对立、善与善的冲突、恶与恶的相权等引发的"道德困境""道德难题""道德冲突""道德悖论"等困扰着人们的道德实践，致使人们陷入"伦理困苦"之中而不能自拔，继而动摇人们的道德信念。其中，尤为令人苦恼的即是"事国之'忠'与事亲之'孝'不能两全"类的两善相衡及"'牺牲五个人还是牺牲一个人'之'电车难题'"类的两恶相权。其实换个角度来看，把"牺牲五个人还是牺牲一个人"转变为"救五个人还是救一个人"的表述，问题就由两恶相权演变为两善相衡，不过是一个问题两种表述而已。所以人们常在同一个伦理原则下进行两善或两恶的抉择，依据"最大多数人的最大幸福"的功利主义原则得出"两害相权取其轻，两利相衡取其重"的说法。因此，别尔嘉耶夫才认为，"解决它们（伦理学的具体问题）的困难在于道德生活的悲剧性与悖论性。但……道德生活的悲剧完全不在于善和恶、上帝和魔鬼的冲突，这个悲剧首先在于一个善和另外一个善的冲突，一种价值和另外一种价值的冲突"②，"善的实现要通过矛盾，通过牺牲，通过痛苦"③。姑且不论这种痛苦是否只是源于别尔嘉耶夫所说的善与善之间的冲突，仅就善与善之间冲突的可能性来说，由此引发的"痛苦"确实

①罗国杰：《伦理学》，人民出版社1989年版，第6页。
②别尔嘉耶夫：《论人的使命——悖论伦理学体验》，张百春译，学林出版社2000年版，第205页。
③别尔嘉耶夫：《论人的使命——悖论伦理学体验》，张百春译，学林出版社2000年版，第213页。

是存在的。这不仅与伦理学的理论与实践不兼容，也与人自我完善的要求相违背。所以，即便"任何法律、任何规范都不能有助于解决这里所产生的道德冲突"[①]，我们也不能就此放弃化解道德矛盾的努力，因为痛苦是真实存在的。

二、伦理咨商的内涵与特点

台湾学者对"伦理咨商"的属概念"哲学咨商"曾有这样的界定："从松散的定义来看，就是如何用哲学的语言、智慧、成语、甚至逻辑来助人，""从严格的定义来看，就是如何使用哲学系统来助人"[②]；"一个受过训练的哲学人借由哲学的方式，如借助哲学经典（文本）、哲学概念、哲学理论、哲学家或哲学方法，帮助个体克服他（她）个人所可能面临的成长障碍，以达到个体能力的最适当发展的过程。"[③]在这个合成概念中，哲学咨商更为关注"哲学"的存在感，强调其作为一种方法与资源在助人过程中的价值，并不关心其是否具有廓清咨商对象与阈限的意义，也没有说明"咨商"在助人过程中的具体方法。作为合成概念，伦理咨商既不能搁置伦理凸显咨商的要求，也不能搁置咨商凸显伦理的规定，正确的理解是在伦理咨商的诉求中定位其内涵。

伦理咨商的直接对象是蕴涵着困惑的道德观念，诸如孕妇和胎儿的生命都是人命，但在孕妇难产之时，应保孕妇还是保胎儿？又如，消防队员冲进失火的房间时发现一对双胞胎躺在床上，因环境条件所限他只能救出一个孩子，那么他应如何抉择呢？[④]这些道德困惑令人左右为难、无所适从。"本应满足两种义务或两种规范的要求，但实际上无法做到这一点，而是必须二者择一，从而势必要违背其中的一种义务或规范。尽

[①] 别尔嘉耶夫：《论人的使命——悖论伦理学体验》，张百春译，学林出版社 2000 年版，第 206 页。

[②] 黎建球：《哲学谘商的理论与实务》，《哲学与文化》2004 年第 1 期。

[③] 潘小慧：《哲学谘商的意义与价值——以"对话"为核心的探讨》，《哲学与文化》2004 年第 1 期。。

[④] 甘绍平：《道德冲突与伦理应用》，《哲学研究》2012 年第 6 期。

管这种选择并非任意的，但毕竟是行了一恶，双手并不清洁。"①像这样因道德价值、道德信念等伦理学的课题所引发的困惑乃至困苦亟待纾解的情形，就是伦理咨商所要咨商的伦理议题。按照道德实践活动的过程来说，它包括三个层面，即对作为前提的道德信念层面的认知问题，对作为过程的道德价值层面的选择问题及对作为结果的道德行为层面的评价问题。这些伦理议题普遍存在于人们的道德实践中，是隐藏的偏见、未明的预设或冲突的价值等道德观念的自现。要想真正实现或引导一种道德观念的转变，它需要主体自身的参与、反思与认同，一种平等主体的对话与交流就显得非常重要，咨商恰好可以满足这种要求。咨商就其作为一种"解惑、去苦"的方式来说，它既不同于有主客之分的知识教育，也不同于有因果之别的心理咨询，它强调透过咨商双方不断的对话，咨商师帮助咨商者进入自我认知、自我理解的过程之中，在澄清问题、检查预设、把握情境的基础上引导其重新建构价值观念兼容的伦理观。因此，伦理咨商即以对话为主要方式，揭示与分析出现在道德认知、道德选择、道德评价等活动中困扰人们道德实践的矛盾现象，引导与帮助人们修正价值信念、超越价值冲突、克服伦理困苦的一种伦理实践活动。

伦理咨商是对未经省察但并非无意识的道德规范或道德义务引发的矛盾或冲突所导致的困惑与苦恼的反思和检视，是对"观念"进行的理性重构。相对于同样以消解苦恼为诉求的心理咨询、心理治疗，伦理咨商的特点如下：

第一，就焦点来说，它不是找寻问题出现的潜意识根由，而是直指问题生发的伦理价值观，即伦理咨商所要探究的是关于事物本质的问题。大部分咨商者对预设的道德及其价值表现为一种模糊的信念，而不是清晰的认同，反映在人的思想和行为中就是一组碎片化的存在，相互之间缺乏有机的统合。这在并不复杂的道德情境中或许不会出现太大的问题，人的思想和行为可以实现某种内在的契合。但在较为复杂的道德情境中，这种相对独立、缺乏融贯的存在则足以影响人的思想和行为出现某种脱节，导致人陷入伦理困苦之中。所以，伦理咨商不是就问题说问题，像

---

① 甘绍平：《道德冲突与伦理应用》，《哲学研究》2012年第6期。

心理咨询师那样发现一个人的思维如何受到童年经验的潜在影响，它更多的是帮助咨商者引导出抉择诸多议题的道德概念检验，从而重构合宜的伦理价值观。

第二，就目标来说，它不是解释问题出现的合理情由，而是激发解决问题的内在能力，即伦理咨商所要探究的是关于能力提升的问题。大部分咨商者对既定的道德规范或道德义务有一种清楚的认知，能够感知问题出在哪里，但"知"并不意味着拥有德性，并不意味着会有适中、恰到好处的善行。"对德性来说知的作用是非常微弱的"①，更重要的是，"按照德性生成的东西，不论是公正还是节制，都不能自身是个什么样子，而是行为者在行动中有个什么样子。"②换言之，一味遵照道德规范或道德义务行事，不见得就是有德行的人，德性蕴涵着一种使人变得更好的要求，这种要求具体表现为选择"中道"的能力，即对"在应该的时间，应该的情况，对应该的对象，为应该的目的，按应该的方式"③有着准确的理解和把握。这正是伦理咨商力求帮助咨商者实现的一种自我提升。

第三，就过程来说，它不是以解决问题为价值诉求，而是以问题消解为工作指向，即伦理咨商所要探究的是关于方法观照的问题。大部分咨商者对寻求咨商的动因了然于胸，迫切希望得到"解惑、去苦"的具体帮助，但对咨商师来说，在帮助咨商者去澄清问题、检查预设、解释处境的咨商过程及与之进行的伦理互动中，以完整的"咨商者"而不是具体的"问题"作为咨商过程的中心，帮助咨商者获得一种检查并发展自我在世界中的整体位置与态度的方法尤为重要，而非仅仅关心某单一急迫的问题。这种对待生命的整体态度和方法，不仅可以超越心理咨询"授之以鱼"的学科局限，更可以进入"授之以渔"的咨商境界，从而实

---

① 亚里士多德：《亚里士多德选集——伦理学卷》，苗力田编，中国人民大学出版社1999年版，第36页。

② 亚里士多德：《亚里士多德选集——伦理学卷》，苗力田编，中国人民大学出版社1999年版，第135页。

③ 亚里士多德：《亚里士多德选集——伦理学卷》，苗力田编，中国人民大学出版社1999年版，第39页。

现自己成为自己的咨商师的最高目标，在自我独白式的对话过程中将问题消解于萌芽状态。

三、伦理咨商的方法与资源

伦理咨商既称之为"咨商"，那么伦理咨商师与咨商者之间的"对话"是整个咨商过程中不可缺少的方法；既以道德矛盾作为咨商的对象，那么澄清咨商者矛盾症结的"分析"就成为对话过程中不可或缺的方法。一方面，通过"对话"了解咨商者的伦理困苦及其困惑所在，另一方面，借助"分析"呈现咨商者伦理受苦的核心概念及其价值所在，从而实现有针对性的价值引导。

"对话"（dialogue），作为伦理咨商的基本方法，一般指的是"哲学对话"，是经过专业学习和训练的伦理咨商师透过不断对话帮助咨商者自我认识、自我反省的一种哲学方法。这种方法可以直接追溯到苏格拉底和孔子，他们以对话的方式充分表达了对伦理生活的操心。因此，围绕人们的伦理观，涉及道德认知、道德行为、道德评价等层面展开的对话，是咨商师了解和分析咨商者内心困苦、困惑的深层原因——伦理观念的根本方法。在具体对话过程中，可以灵活机动地选择不同视角的咨商方法，如以过程为视角的马里诺夫（L.Marinoff）的PEACE法（即平静法，由问题（problem）、情绪（emotion）、分析（analysis）、沉思（contemplation）、平衡（equilibrium）五个咨商步骤构成[1]。第一，需要识别问题；第二，查清该问题所激起的感情；第三，分析并评估解决问题的选择方案；第四，沉思整个情景；最后，达到平衡。瑞比的FIIT法（即四阶段法，F（Free-Floating），双方感到舒服而不具压力；I（Immediate Problem Resolution），呈现问题并寻求解决方法；I（Teaching As An Intentional Act），对寻求的解决方法双方都有意向性的教与学；T（Transcendence），

---

[1] 娄·马里诺夫：《柏拉图灵丹——将永远的智慧应用于日常问题》，郭先上译，云南人民出版社2002年版，第34—35页。

超越个人境况，不再沉溺过去痛苦）[①]。阿肯巴赫（Gerd Achenbach）的 Beyond-method method（超越方法的方法），主张咨商不应有固定的方法，应随机制宜以适应个案的不同需要）等；以技能为视角的哲学分析法及经验模拟法等[②]；以内容为视角的柯亨（Elliot Cohen）的分离式认知进路（即在逻辑分析下找到外在和否定非理性原则所控制的情绪和行为）、关系型认知进路（通过关心他人来克服"世界以我为中心"的困境）及潘小慧的生态学的进路等；以问题切入为视角的当事人中心、主体间性互动、主客型引导等咨商进路。[③]需要说明的是，这些方法都不是教条和僵化的，而是以咨商者的诉求为出发点、以方法的适应与适用为依托的一种综合运用。

对话与分析，仅是呈现咨商者问题症结的一种手段与工具，而开解症结、化解困苦的思想资源才是有效咨商的内容。概而言之，"咨商情境中的伦理实践，乃是一种活生生的情境中的抉择与两难，它涉及的是每位独特个案的独特处境、个案自身价值系统及个案所处社会文化的权衡过程。"[④]显而易见，情境、抉择、两难、权衡构成了伦理困惑与困苦的实践要素。因此，探讨人生及其价值的哲学智慧、"分析的马克思主义"关于"现实矛盾"的理论、当代情境理论中的"情境"概念，都为伦理咨商提供了丰富的思想资源。

就哲学而言，东西方的哲学思想都是人类智慧的结晶，哲学家们对人生、价值方面的思考从来就不是自娱自乐的活动，而是力求引导和帮助人们发挥内在本有能力、丰富生命的意义与价值的探讨。这也是哲学本来的面貌。正因为如此，马里诺夫在其畅销书《柏拉图灵丹》中指认，"借鉴数千年来的思想的美妙之处在于许多历史上最智慧的头脑在这些话题（何为好的生命？何为善？生命是关于什么的？我为何存在？何为正

---

① 黎建球：《C.I.S.A 理论的实践与应用》，《哲学与文化》2007年第1期。
② 彼得·拉比：《哲学谘商——理论与实践》，陈晓郁、陈文祥、尤淑如等译，五南图书出版股份有限公司2010年版，第88—89页。
③ 参见王习胜：《"思想分析"基本问题论纲》，《安徽师范大学学报》（人文社会科学版）2013年第9期。
④ 尤淑如：《作为伦理实践的哲学谘商》，《哲学与文化》2010年第1期。

确的事情?）上提出了令人信服的观点，并且给我们留下了洞察力和指导方针……如果你来看我，我可能谈论克尔凯郭尔关于应付死亡的思想，埃恩·兰得关于自私的美德的观念，或亚里士多德关于追求凡事理智和中庸的忠告。……根据你的问题，我们会考察最适合你情况的哲学家的思想观念"①，它们是化解伦理困苦的重要的思想资源。

就"现实矛盾"的理论而言，当代西方"分析的马克思主义"创始人之一乔恩·埃尔斯特（Jon Elster）在分析资本主义社会矛盾时，运用现代广义模态逻辑工具提出，理性主体在价值选择和目的实现过程中出现的"反终极性"与"次优性"的矛盾现象，既不是单纯主观思维中出现的逻辑矛盾，也不是纯粹客观对立统一的辩证矛盾，而是在社会实践交往中出现的具有辩证性质的现实矛盾。所谓"反终极性"，即群体中的每一个体按照其设想的与他人的关系行动时所产生的一种无意识的后果，概括地说，即产生一种总体上的合成谬误，在此谬误中，当前件为真时，后件就会产生矛盾。②所谓"次优性"，是指非合作解决途径的故意实现，是由个体策略选择产生的某种次帕累托③状态的补偿机制，即当所有参与人都接受某一解决方案，并充分意识到其他人也会这样做时，他们都会获得至少等于或者多于他们中的部分人或所有人提出分歧解决方案时的情况。④这两种矛盾表现形式，虽然反映的紧张状况不同，前者是对目的和结果之间紧张状况的反映，后者是对现实和可能之间紧张状况的反映，但它们都是基于对"现实"的反映而存在的矛盾。因为现实不仅可以指与人类主体无涉的客观存在，而且也可以指与人的信念有关的主观存在，包括个人与社会。而发生在人的信念系统中的自相矛盾，也会由此导致人类行动选择系统中矛盾状况的客观存在，此即现实矛盾理论。这种研究思路启示我们，源于直接而又具体的道德实践中的矛盾正是具有此种

---

① 娄·马里诺夫：《柏拉图灵丹》，郭先上译，云南人民出版社2002年版，第4页。

② Jon Elster, *Logic and Society*, John Wiley & Sons, 1978, p.106.

③ "次帕累托"是相对"帕累托最优"而言的。"帕累托最优"的概念是以其提出者意大利经济学家维弗雷多·帕累托的名字命名，简单地说它指的是资源分配的一种理想状态，即在没有使任何人境况变坏的前提下，使某（些）人的境况变得更好。如果有些人在资源分配中受益而有些人受损，但是受损的效用小于受益的效用，则称之为"次帕累托"。

④ Jon Elster, *Logic and Society*, John Wiley & Sons, 1978, p.122.

性质的矛盾，"现实矛盾"思想可以成为解释和化解道德矛盾的有效路径。

就情境理论而言，20世纪80年代巴威斯（J.Barwise）和佩里（J.Perry）作为该理论创始人认为，自然语言的主要功能在于传递信息，而语言信息的传递和接收总是受情境因素的影响和制约，它们可能在一些情境中为真，也可能在另一些情境中为假，因为情境是经由认知主体的思想处理并受到认知主体的信念、态度、目的等主观因素影响的有限现实世界。在这里，具有相同语言意义的表达式借助不同情境元素的区分会得到较为合理的解释，从而澄清同一表达式在不同的认知主体、不同的时间与空间、与世界的不同联系等不同情境使用中所蕴含的内在层次。由此即实现了巴威斯创设情境理论的预期："情境理论的目的就是为构建信息内容理论提供工具。"①所以，人们之间如果要进行成功的语言交流，必须把握到对方说话时所处的情境。从这个角度来说，伦理咨商与其说是在解决咨商者个案问题，不如说是在培养咨商者的实践智慧，亦即亚里士多德所谓的"明智"，一种真正以理性而实践的品质，意蕴咨商者对具体情境中抽象的道德原则或道德规范一种准确地理解和践行的能力。依靠这种能力，咨商者不仅能够分辨什么是合理的、什么是正确的、什么是应该的等伦理课题，也能够做出真正有益于自己的选择。这不仅是辨识伦理困苦生发的因由，更是预防和消解伦理困苦的理路所在。

四、伦理咨商的意义与价值

伦理咨商被视为用来帮助咨商者讨论生活中关于意义和价值的问题，虽尚处于起步阶段，但其意义与价值已有初步体现。

第一，伦理咨商有利于将知识体系化的道德理论回归到它的实践本性上，将道德转化为人类的生存智慧，在化解世俗生存中的困境与困惑的同时拓展伦理学的生存空间。在咨商过程中，可以作为咨商资源的道德理论有很多，如理性主义、经验主义、存在主义等，虽然每一种理论

---

① Jon Barwise, *The Situation in Logic*, CSLI Publications, 1989, p.257.

都源于人们解决真实生活中的问题的需求，但每一种理论都有其体系化的诉求，这对咨商者来说更多地构成了一种知识化的存在，而不是人类实践智慧的结晶。虽然孔子早在两千多年前就说过，"知者不惑，仁者不忧，勇者不惧"①，换言之，不知（智）而惑、不仁而忧、不勇而惧。智、仁、勇就是人生美好的保证，但知道这个道理并不代表就没有惑、忧、惧的侵扰，更不代表就能够走出有惑、有忧、有惧的人生。即在知识与智慧之间尚有需要转承的空间，而实践就是知识通往智慧的桥梁。在这个过程中，伦理咨商会通过对个体、团体咨商的方式帮助转承有困难的咨商者实现对抽象道德知识的准确把握和正确理解，以充分发挥道德作为一种生存智慧所特有的价值。直面现实生活所需，这不仅是伦理始发的契机，也是伦理学长久的生命力所在。

第二，伦理咨商有利于将忽视个体生活实际的道德要求回归到它的人文本性上，将道德转化为个体幸福所需，在引导个体树立正确的世界观、价值观和人生观的同时凸显道德作为"观念的科学"的科学性。道德哲学并非纯思辨、纯理论的，也不是纯实践、纯应用的，而是"是什么""应该怎样""能够成为什么"的有机统一，抽离其中任何一个环节，都会影响道德哲学的完整性。三者合一的诉求即集中表现为对人的潜能、人的精神、人的幸福等人文主题的关怀，这也是各家各派伦理学的共同主张。如冯友兰认为："（道德）对于人生，它们是必要的，但不是必要的恶，而是必要的善"②；穆勒一再说："依功用主义的伦理学，增多幸福是德行的目的"③；康德也写道："它的真正使命，并不是去产生完成其他意图的工具，而是去产生在其自身就是善良的意志。"④反之，一味强调忽视个体生活实际的"应该怎样"，就会违背道德建设的规律，陷入所谓"道德是一种必要的恶"⑤的窘境，从而影响道德作为一种"观念的科学"的科学性。这一切在强调以"明善"来"解惑、去苦"的伦理咨

① 《论语·子罕》。
② 冯友兰：《新原人》，生活·读书·新知三联书店2007年版，第95页。
③ 约翰·穆勒：《功用主义》，唐钺译，商务印书馆1957年版，第20页。
④ 康德：《道德形而上学原理》，苗力田译，上海人民出版社1986年版，第45页。
⑤ 王海明：《新伦理学》，商务印书馆2001年版，第140页。

商中都可以得到某种改变和修正，以彰显道德的人文本性。

第三，伦理咨商有助于将被动"受苦"的个体转变为主动"自调"以适应复杂情境要求的个体，在帮助个体建立起一套自觉维护的价值体系的同时营造出积极乐观的社会风尚。伦理咨商不同于传授道德知识的伦理学课程，也不同于教导道德原则和道德规范的道德教育，它强调的是从伦理实践的视角，在与真实生活中受苦的咨商者平等对话的过程中一同检视带给他困惑、困苦的道德经验，帮助他从中体悟和审思伦理道德的价值和意义。其中不仅有他过去成长过程中学习得来的规范性意义和价值，更有他在现实生活中践行规范遭遇的困难，这个困难即是伦理道德的核心价值所在。这可以在咨商过程中通过咨商者表达和理解其所处的独特处境、价值观与道德信念等问题的方式体现出来，从而咨商师可以因势利导、对症下药，帮助咨商者构建一套能够自洽的价值信念系统，在"化过程为方法"的同时感悟伦理咨商的最高境界——自我调适、自我咨商，进而从个体到群体、由点到面形成积极乐观的社会风尚。

虽然情境理论与伦理咨商都是基于对道德悖论的排解所做的方案探讨，但其内蕴的道德教育悖论现象排解的实践意义及其道德文明价值已经得到了初步阐释和显现。从整体上来说，前者是着力于对特定情境中的道德悖论进行了解读与分析，后者则是立足于对道德悖论中的特定主体进行了对话与沟通，而且它们彼此之间并非毫无关联，而是互为支撑互为依托，是从不同角度对同一个问题的思考与探讨，相对来说构成了对道德悖论排解方案的整体思考。作为道德教育悖论现象研究的范式，道德悖论排解方案应该可以统摄或辐射道德教育悖论现象的排解。即是说，虽是对道德悖论排解方案的探讨，但也应该适应于道德悖论教育现象的排解。如果有志者能够沿着这样的路径不断努力和坚持，并且能够得到有志于提升道德教育的实效性的学人之肯定和支持，一定能够获得令人惊喜的硕果。

结　语　道德教育悖论现象的研究展望

　　"应用伦理学是研究如何使道德规范运用到现实的具体问题的学问……为这些问题所引起的道德悖论的解决创造一种对话的平台……"①。是的，我们太需要这个平台了，因为我们正面临着前所未有的道德悖论所引起的价值与规范危机。在这个层面上，我们甚至可以说，应用伦理学正是对道德悖论现象的一种不自觉的理性回应，但缺少对问题之源理性探究的自觉，所幸，这种自觉已在道德悖论现象研究团队中得以扎根。相对于应用伦理学立足于以程序共识的方式来解决道德悖论，道德悖论现象研究者直面道德悖论现象，以逻辑悖论为分析方法直指道德公认的背景知识的正确性与适应性，为我们揭示了人类道德文明发展的历史就是"凸显"善"遮掩"恶的轨迹。这一轨迹展现在道德教育中，即是公认的正当性的道德教育同样蕴涵着善恶的悖论，这一客观事实的发现，冲击着我们既有的认识与实践，它提醒我们：当试图通过不断丰盈道德教育理论和构建道德教育体系来改善和提升道德教育有效性时，道德教育自身蕴涵的悖论正在淡化和消解着道德教育应有的效果。因此，道德教育悖论现象的研究在丰厚的道德哲学意蕴和巨大现实价值的支撑下就成为一个值得深入挖掘的课题。

---

　　① 甘绍平：《应用伦理学前沿问题研究》，江西人民出版社2000年版，序言第7页。

一、道德教育悖论现象的理论研究亟待深入

一直以来，中国人秉着"人性善"的信念来刻画道德教育理念，也是以这样的信念来对待道德教育有效性的问题。所以，面对道德教育实践中大量的困惑与矛盾，人们习惯于通过"加强"的方式一再重申道德教育的重要性，通过"技术"性处理道德教育内容与方法的方式一再修补道德教育的科学性等传统的凸显善的思维方式来化解难题，但这些努力总是难以冠之以价值的普适性，缺少由现象到本质的深入思考，因此无法从整体上描述和归纳各种道德教育困惑与矛盾的真实面貌，也就无从揭示和认识由以导引的内在原因，从而无法实现积极的预防与相对的排解。所以，诸如"孔融让梨""父子相隐"类道德教育典故引发的争议也只能是在各自的语境中自说自话，难以实现有效的对话与共识，一方面影响了这些传统道德教育资源的开发和利用，另一方面增添了道德教育实践的困扰，致使人们在道德教育悖论现象中无所措，影响了道德教育有效性的发挥。因此，对于道德教育悖论现象的研究亟待深入。

第一，在深入揭示道德教育内容、目标、方法等方面存在的悖论问题的基础上，廓清道德教育悖论的外延边界，确定道德教育悖论的使用语境，界说"道德教育悖论"的科学内涵。这是道德教育中的悖论问题研究今后需要继续深入的一个基本问题。相对学界对道德教育中的悖论问题的不同层面的集中研究，对何谓"道德教育悖论"这一基本概念的研究则较为零散，稍显混杂，这种情况是因为对道德教育悖论问题的认识和界定不同所致，又根源于对"悖论"的不同理解，比如，有人将"悖论"理解为"挑战常识的'大理'"①。这种与"一般矛盾"具有同等含义的宽泛界定，虽易于被人理解和接受，却不过是修辞学意义上的强调而已。显然，理论界诸多学者也是在这种意义上使用"道德教育悖论"的。这种混杂的情况将直接影响到道德教育中悖论问题研究的积极推进及其消解路径的有效探索。笔者认为，出于科学化、规范化的考虑，

---

① 参见黄展翼:《简朴的悖论定义——从矛盾到互补》,《人文杂志》1994年第3期。

对道德教育悖论的研究应逻辑地指向道德教育中出现的善果与恶果并存的自相矛盾。为此，在后续的研究中，一方面应当通过问卷调查、访谈访问的形式深入到中小学、高校实地调研，在收集第一手资料的基础上，系统总结影响和制约道德教育有效性发挥的道德教育实践中的悖论问题，为"道德教育悖论"的认识与界说提供理论支持；另一方面，需要借鉴相关学科的最新研究成果以形成研究合力进行问题攻关，如道德教育中的悖论问题应借助逻辑学悖论方法来分析和说明方能获得较为清晰的认识，方能为"道德教育悖论"的认识与界说提供方法支持。

第二，在对"压抑理性的方法培养理性""孔融该不该让梨""美德应否给予表扬"等隐匿于道德教育中的悖论问题的揭示与分析的基础上，梳理与总结中外道德教育理论中存在的悖论问题及其内在生发的历史逻辑；在中外道德教育悖论比较的基础上进一步推进对道德教育中的悖论问题的研究。目前，学界对道德教育中悖论问题的研究视域普遍停留于现代的道德教育理论与实践，而对史上的与西方的道德教育中的悖论问题涉猎较少，这不得不说是一个遗憾。因此，当现代学者对史上"孔融让梨"的道德教育典故进行质疑、对西方"理性道德教育的反理性"进行批判的时候，因为缺乏有效的建构，他们不仅没有完善道德教育的建设，相反这些责难在消解了道德教育价值的同时致使道德教育的合理性进一步被动摇。这启迪我们反思传统道德教育的合理性的同时，也应该对道德教育史中的悖论问题进行梳理与总结，借助悖论研究范式和道德悖论研究成果，揭示其内在的形成脉络，以形成对道德教育悖论某种规律性的认识。

需要注意的是，如果一味从否定的角度来看待和定性道德教育悖论现象，说明我们还是在老问题上纠缠，即依旧是从传统的善恶两分的思维方式出发来认识问题。实际上，道德教育悖论现象的出现本身就具有一种悖论式的价值，其"恶"的一面淡化和消解了道德教育的应有效果，其"善"的价值在于"悖论"从来都是理论创新的动力与源泉，而排解悖论的过程即是善与恶融合的过程，这一过程给予我们丰富的理论启迪：道德教育悖论现象的存在并非思维领域出现了问题，恰恰相反，它证明了借助逻辑刻画的道德逻辑的基础完全是人性的一种偏好，充满了主观性，并不符合道德实践逻辑的推演。因此，我们必须跳出传统的具有预设性质的认知方式与思维方式而立足对道德实践逻辑的考察，从道德哲学、教育哲学的层面上对困惑我们的难题进行形而上的追问与思考，力求揭示出道德教育悖论现象在人类文明史中演绎的内在规律，并能够应对具体的道德实践的现实拷问。但问题随之而来，道德本质上是一种社会意识形态和价值形态，超验历来是其建构的方式，面对道德教育悖论现象的挑战，应如何从"悖论基因"的层面来规避其建构方式所可能诱发的"恶果"？一方面，不论是以"善"还是"恶"抑或是以"善恶"作为道德价值的始点，因之预设或预设基础上理论推演的构建方式，同样都会有道德教育悖论现象的出现，不同的是，以"善恶"作为道德的逻辑起点能在相对的意义上排解或规避或善或恶的预设所诱发的恶果，凸显道德教育善之价值。因此，本书以"善恶"来代替"善"作为道德的价值基础也只能是在相对的意义上来排解道德教育悖论现象。另一方面，如果说预设或假说是理性逻辑的体现，那么实践逻辑是什么？能否以"实践逻辑"来取代"理性逻辑"为道德立论？如果可行，那么道德实践逻辑的基础又是什么？这些都是亟待研究的问题。

道德教育悖论现象是在实践中生成的一种现象，具有超越时代与民族发展的特性，实践不息，道德教育悖论现象不止。但不同的实践由以导引的道德教育悖论现象各有不同，而如何在不同的实践中追寻与抽象出道德教育悖论现象生成的内在轨迹，仍有待于我们继续努力。

二、道德教育悖论现象研究的成果亟待推广

我们一再强调，道德教育悖论现象的研究不是否认道德教育的价值与意义，而是立足对道德教育实践中存在的影响其价值实现的困惑与难题的考察，力图在提出排解方案的基础上彰显道德教育善之价值，从而提升其有效性。因此，道德教育悖论现象研究的成果如何能在此诉求基础上获得实践中的生命力就成为我们亟待深入思考的另一个问题。

　　不论是道德悖论研究还是本著的立意都是基于实践的考量，是基于诸多"道德问题"理性自觉的回应，因此，道德教育悖论现象的研究不是书斋中的学问，不是自满于内在逻辑的自洽，而是有着更高的追求：能够为道德教育的困惑与矛盾勾勒出较为真实的面貌，能够为困惑道德教育实践的问题的排解提供绵薄之力。因此，它在多大程度上能够应对道德教育实践的呼唤，就在多大程度上实现了其理论价值。而这种诉求首先要有实践的空间，其次要有可以实践化的理论成果。基于此，道德教育悖论现象的研究必须要在可以具体实施于实践中的排解方案的设计上下功夫。也就是说，本书的排解方案是对道德教育悖论现象排解的整体构思与构架，显之宏观与抽象，失之微观与具体，从而在很大程度上限制了其切实可行的操作性。而对于道德教育实践而言，这一点恰恰是其最为需要的。因此，面对道德教育悖论现象，如何能创新社会管理制度来化解"好人难当"的尴尬等就成为道德教育悖论研究应用转向的任务。但制度如何创新又是需要具体研究的问题，这些问题将会丰富道德教育悖论现象研究的成果。从理论与实践的关系来说，道德教育悖论现象的研究成果在与实践的碰撞中，一方面，在指导实践的同时反过来修正自身的不足；另一方面，通过生动、多彩的实践生活来丰富和完善理论认识。理论与实践的结合，这应当说是理论研究的终极目的与价值所在。而对于融实践与理论研究为一体的道德教育悖论现象的研究来说，其与实践的结合就意味着我们必须在理论研究成果的基础上整合出更具操作性的方案以实现理论研究的现实价值。如此，道德教育悖论现象的研究才能获得蓬勃的发展动力。

参考文献

著作类

1. 陈秉公:《思想政治教育学原理》,辽宁人民出版社2001年版。

2. 陈友松主编:《当代西方教育哲学》,教育科学出版社1982年版。

3. 陈晓平:《面对道德冲突——关于素质教育的思考》,中央编译出版社2002年版。

4. 曹孚编:《外国教育史》,人民教育出版社1979年版。

5. 邓小平:《邓小平文选》第1—3卷,人民出版社1994、1993年版。

6. 董世峰:《价值:哈特曼对道德基础的构建》,光明日报出版社2006年版。

7. 樊浩、田海平:《教育伦理》,南京大学出版社2005年版。

8. 樊浩:《道德形而上学体系的精神哲学基础》,中国社会科学出版社2006年版。

9. 郭湛:《人活动的效率》,人民出版社1990年版。

10. 甘绍平:《应用伦理学前沿问题研究》,江西人民出版社2002年版。

11. 高德胜:《道德教育的时代遭遇》,教育科学出版社2008年版。

12. 胡守棻:《德育原理》,北京师范大学出版社1989年版。

13. 焦国成:《传统伦理及其现代价值》,教育科学出版社2000年版。

14. 金生鈜:《理解与教育——走向哲学解释学的教育哲学引论》,教育科学出版社1997年版。

15. 金生鈜：《德性与教化——从苏格拉底到尼采：西方道德教育哲学思想研究》，湖南大学出版社2003年版。

16. 罗国杰主编：《伦理学》，人民出版社1989年版。

17. 李德顺：《价值论》，中国人民大学出版社1987年版。

18. 李秀林、王于、李淮春主编：《辩证唯物主义和历史唯物主义原理》，中国人民大学出版社1995年版。

19. 李萍：《现代道德教育论》，广东人民出版社1999年版。

20. 李萍、钟明华主编：《走向开放的道德》，中山大学出版社2004年版。

21. 李菲：《学校德育的意义关怀研究》，教育科学出版社2009年版。

22. 李康平：《德育发展论》，中国社会科学出版社2004年版。

23. 鲁洁、朱小蔓：《道德教育论丛》第2卷，南京师范大学出版社2002年版。

24. 林滨、贺希荣、罗明星：《全球化视野中的伦理批判与道德教育的重构》，人民出版社2007年版。

25. 毛泽东：《毛泽东选集》第1—4卷，人民出版社1991年版。

26. 茅于轼：《中国人的道德前景》，暨南大学出版社2008年版。

27. 钱焕琦等：《学校教育伦理》，南京师范大学出版社2007年版。

28. 钱广荣：《中国伦理学引论》，安徽人民出版社2009年版。

29. 钱广荣：《中国道德国情论纲》，安徽人民出版社2002年版。

30. 钱广荣：《中国道德建设通论》，安徽大学出版社2004年版。

31. 沈壮海：《思想政治教育有效性研究》，武汉大学出版社2002年版。

32. 宋希仁：《伦理与人生》，教育科学出版社2000年版。

33. 石中英：《教育哲学导论》，北京师范大学出版社2005年版。

34. 司马云杰：《文化悖论》，山东人民出版社1990年版。

35. 孙喜亭：《教育原理》，北京师范大学出版社1993年版。

36. 孙正聿：《哲学通论》，辽宁人民出版社2003年版。

37. 孙彩平：《教育的伦理精神》，山西教育出版社2004年版。

38. 孙彩平：《道德教育的伦理谱系》，人民出版社2005年版。

39. 苏振芳：《道德教育论》，社会科学文献出版社2006年版。

40. 檀传宝：《学校道德教育原理》，教育科学出版社2000年版。

41. 唐汉卫、戚万学：《现代学校道德教育的问题与思索》，山东教育出版社2008年版。

42. 吴潜涛：《伦理学与思想政治教育》，河南人民出版社2003年版。

43. 吴康宁：《教育社会学》，人民教育出版社1998年版。

44. 万俊人：《现代西方伦理学史》，北京大学出版社1992年版。

45. 魏道履、沈忠俊等编著：《伦理学》，鹭江出版社1986年版。

46. 王道俊、王汉澜主编：《教育学》，人民教育出版社1989年版。

47. 王东莉：《德育人文关怀论》，中国社会科学出版社2005年版。

48. 肖前、李秀林、汪永祥主编：《历史唯物主义原理》，人民出版社1983年版。

49. 许敏：《道德教育的人文本性》，中国社会科学出版社2008年版。

50. 杨适：《中西人论的冲突——文化比较的一种新探求》，中国人民大学出版社1991年版。

51. 俞吾金：《意识形态论》，人民出版社2009年版。

52. 燕良轼：《后现代主义教育思想》，广东教育出版社2008年版。

53. 张耀灿等：《思想政治教育学前沿》，人民出版社2006年版。

54. 张耀灿、郑永廷、吴潜涛、骆郁廷等：《现代思想政治教育学》，人民出版社2006年版。

55. 张建军：《科学的难题——悖论》，浙江科学技术出版社1990年版。

56. 张建军：《逻辑悖论研究引论》，南京大学出版社2002年版。

57. 张澍军：《德育哲学引论》，中国社会科学出版社2008年版。

58. 张秀芹：《马克思意识形态理论的当代阐释》，中国社会科学出版社2005年版。

59. 章海山、张建如编著：《伦理学引论》，高等教育出版社，1999年版。

60. 周建平：《追寻教学道德——当代中国教学道德价值问题研究》，教育科学出版社2006年版。

61. 埃尔菲·艾恩：《奖励的惩罚》，程寅、艾斐译，上海三联书店2006

年版。

62. 彼得斯:《教育发展与道德教育》,邬冬星译,浙江教育出版社2000年版。

63. 弗里德里希·包尔生:《伦理学体系》,何怀宏、廖申白译,中国社会科学出版社1992年版。

64. 博尔诺夫:《教育人类学》,李其龙译,华东师范大学出版社1999年版。

65. 汤姆·彼彻姆:《哲学的伦理学——道德哲学引论》,雷克勤等译,中国社会科学出版社1990年版。

66. 别尔嘉耶夫:《论人的使命——悖论伦理学体验》,张百春译,学林出版社2000年版。

67. 齐格蒙特·鲍曼:《后现代伦理学》,张成岗译,江苏人民出版社2003年版。

68. 齐格蒙·鲍曼:《生活在碎片之中——论后现代道德》,郁建兴、周俊、周莹译,学林出版社2002年版。

69. 杜威:《道德教育原理》,王承绪等译,浙江教育出版社2003年版。

70. 杜威:《民主主义与教育》,王承绪译,人民教育出版社1990年版。

71. 西格蒙德·佛洛伊德:《论文明》,徐洋、何桂全、张敦福译,国际文化出版公司2000年版。

72. 乔治·弗兰克尔:《道德的基础——关于道德概念的起源和目的的研究》,王雪梅译,国际文化出版公司2007年版。

73. 威廉·K.弗兰克纳:《伦理学》,关键译,三联书店1987年版。

74. 威廉·K.弗兰克纳:《善的求索:道德哲学导论》,黄伟合、包连宗、马莉译,陈曾贻校,辽宁人民出版社1987年版。

75. 约瑟夫·弗莱彻:《境遇伦理学》,程立显译,中国社会科学出版社1989年版。

76. 安托瓦纳·贡巴尼翁:《现代性的五个悖论》,许钧译,商务印书馆2005年版。

77. 大卫·格里芬:《后现代精神》,王成兵译,中央编译出版社1998

年版。

78. 黑格尔:《小逻辑》,贺麟译,商务印书馆1980年版。

79. 黑格尔:《法哲学原理》,范扬、张企泰译,商务印书馆1961年版。

80. 约翰·怀特:《再论教育的目的》,李永宏译,教育科学出版社1997年版。

81. 马克斯·霍克海默、西奥多·阿道尔诺:《启蒙辩证法——哲学断片》,渠敬东、曹卫东译,上海人民出版社2003年版。

82. 柯尔伯格:《道德教育的哲学》,魏贤超译,浙江教育出版社2000年版。

83. 康德:《道德形而上学原理》,苗力田译,上海人民出版社1986年版。

84. 康德:《实践理性批判》,韩水法译,商务印书馆2000年版。

85. 丹尼尔·科顿姆:《教育为何是无用的》,仇蓓玲、卫鑫译,江苏人民出版社2005年版。

86. 丹瑞欧·康波斯塔:《道德哲学与社会伦理》,李磊、刘玮译,黑龙江人民出版社2005年版。

87. 列宁:《哲学笔记》,人民出版社1993年版。

88. 卢梭:《社会契约论》,何兆武译,商务印书馆1980年版。

89. 卢梭:《论人类不平等的起源和基础》,李常山译,商务印书馆1962年版。

90. 戴维·罗斯:《正当与善》,林南译,上海译文出版社2008年版。

91.《马克思恩格斯选集》第1—4卷,人民出版社1995年版。

92.《马克思恩格斯全集》(第1、3卷),人民出版社1995、2002年版。

93. 摩尔:《伦理学原理》,长河译,商务印书馆1983年版。

94. 阿拉斯代尔·麦金太尔:《伦理学简史》,龚群译,商务印书馆2003年版。

95. 马尔库塞:《爱欲与文明——对弗洛伊德思想的哲学探讨》,黄勇、薛民译,上海译文出版社2005年版。

96. 詹姆斯·麦克莱伦:《教育哲学》,宋少云、陈平译,生活·读书·新知三联书店1988年版。

97. 伯纳德·曼德维尔：《蜜蜂的寓言——私人的恶德 公众的利益》，肖聿译，中国社会科学出版社2002年版。

98. 莱茵霍尔德·尼布尔：《道德的人与不道德的社会》，蒋庆、阮炜、黄世瑞等译，陈维政校译，贵州人民出版社1998年版。

99. 乔治·瑞泽尔：《后现代社会理论》，谢立中译，华夏出版社2003年版。

100. 莫里茨·石里克：《伦理学问题》，孙美堂译，华夏出版社2001年版。

101. 瓦·阿·苏霍姆林斯基：《给教师的建议》，杜殿坤译，教育科学出版社1980年版。

102. 费尔迪南·德·索绪尔：《普通语言学教程》，高名凯译，商务印书馆1999年版。

103. 约翰·B.汤普森：《意识形态与现代文化》，高铦等译，凤凰出版传媒集团、译林出版社2008年版。

104. 雅克·蒂洛、基思·克拉斯曼：《伦理学与生活》，程立显等译，世界图书出版公司2008年版。

105. A.J.汤因比、池田大作：《展望21世纪——汤因比与池田大作对话录》，国家文化出版社公司1985年版。

106. 马克斯·韦伯：《学术与政治》，钱永祥等译，广西师范大学出版社2004年版。

107. 休谟：《道德原理探究》，王淑芹译，中国社会科学出版社1999年版。

108. 小原国芳：《小原国芳教育论著选》上卷，由其民、刘剑乔、吴光威译，人民教育出版社1993年版。

109. 亚里士多德：《尼各马科伦理学》，苗力田译，中国人民大学出版社2003年版。

110. 雅斯贝尔斯：《什么是教育》，邹进译，生活·读书·新知三联书店1991年版。

111. 联合国教科文组织国际教育发展委员会编：《学会生存——教育世界的今天和明天》，华东师范大学比较教育研究所译，教育科学出版社

1996年版。

112. Saul Smilansky, *10 Moral Paradoxes*, Blackwell Publishing, 2007.

113. R.S.Peters, *Ethics and Education*, London George Alleen&Unwin Ltd, 1966.

114. Heslep Robert D, *Moral education for Americans Westport*, Conn.: Praeger, 1995.

115. John Dewey, *Moral Principles in Education*. Southern Illinois University Press, 1975.

116. John Dewey, *Experience and Education*, Macmillan Publishing Company, 1963.

117. Chazan, Barry, *Contemporary Approaches to Moral Education*. New York: Teachers college Press.1985.

118. Wilson, J, *Practical Methods of Moral Education*. London: Heinemann Educational Books, 1972.

119. Flukiger & Jarene, *Teaching for Learning or Teaching for Testing: Classroom Teachers' moral and Ethical Dilemma*, Delta Kappa Gamma Bulletin, 2004.

120. White.J, *Education and the Good Life*, *Beyond the National Curriculum*. London:Kogan Page Ltd., 1990.

121. McClellan.B, *Moral Education in American: Schools and the Shaping of Character from Colonial Times to the Present*. Teachers College Press, 1999.

122. Vergilius Ferm, *Encyclopedia of Morals*, New York, Greenwood press 1969.

期刊论文类

1. 曹刚:《道德困境中的规范性难题》,《道德与文明》2008年第4期。

2. 曹世敏:《道德教育研究的逻辑取径简论》,《江苏教育学院学报》2002年第4期。

3. 樊浩:《道德教育的价值始点及其资源性难题》,《教育研究》2003年第10期。

4. 樊浩:《伦理的实体与不道德的个体》,《学术月刊》2006年第5期。

5. 戈士国:《拿破仑波拿巴的意识形态批判》,《马克思主义研究》2007年第9期。

6. 扈中平、刘朝晖:《对道德的核心和道德教育的重新思考》,《华东师范大学学报》(教育科学版)2001年第2期。

7. 鲁洁:《教育的返本归真——德育之根基所在》,《华东师范大学学报》(教育科学版),2001年第4期。

8. 陆有铨:《"道德"是道德教育有效性的依据》,《中国德育》2008年第10期。

9. 马亮:《道德教育悖论的合理性意蕴》,《广西大学学报》(哲学社会科学版)2005年第5期。

10. 钱广荣:《道德悖论的基本问题》,《哲学研究》2006年第10期。

11. 钱广荣:《道德悖论界说及其意义》,《哲学动态》2007年第7期。

12. 钱广荣:《把握道德悖论需要注意的学理性问题》,《道德与文明》2008年第6期。

13. 钱广荣:《道德悖论的本质与模态》,《光明日报》2008年9月2日。

14. 钱广荣:《道德价值实现——假设、悖论与智慧》,《安徽师范大学学报》(人文社会科学版)2005年第5期。

15. 钱广荣:《浅析人的虚伪品质——兼析道德教育中的悖论现象》,《滁州学院学报》2009年第4期。

16. 齐学红:《道德教育的文化人类学视野》,《道德教育研究》2006年第2期。

17. 孙彩平:《社会伦理转型与当代中国德育改革》,《东北师大学报》(哲学社会科学版)2007年第1期。

18. 唐汉卫:《略论道德教育中的悖论》,《教育科学》2002年第2期。

19. 唐之享:《中小学德育的困境与突围》,《当代教育论坛》2008年第1期。

20. 万俊人:《世纪回眸——"道德中国"的道德问题》,《天津社会科学》2001年第3期。

21. 王习胜:《意识形态及其话语权审思》,《马克思主义研究》2007年第4期。

22. 王习胜:《道德悖论研究的价值与意义》,《道德与文明》2008年第6期。

23. 王习胜:《关于道德悖论属性的思考——从逻辑的观点看》,《安徽师范大学学报》(人文社会科学版)2007年第5期。

24. 王海明:《道德的起源和目的——从个人道德需要看》,《华侨大学学报》(哲学社会科学版)2004年第3期。

25. 肖士英:《道德冷漠感与制度性道德关怀》,《陕西师范大学学报》2000年第3期。

26. 徐湘荷:《道德教育中的悖论》,《现代教育论丛》2006年第2期。

27. 余涌:《道德权利和道德义务的相关性研究》,《哲学研究》2000年第10期。

28. 朱贻庭:《"权利"概念与当代中国道德问题研究》,《探索与争鸣》2004年第10期。

29. 朱平:《学校道德教育中的悖论问题》,《道德与文明》2008年第6期。

30. 张康之:《对道德教育有效性的怀疑》,《学术界》2003年第5期。

31. 张松德:《激发道德情感与投身道德实践辩证统一》,《道德与文明》2008年第4期。

32. 张夫伟:《道德相对主义视野中的道德教育与选择》,《道德教育研究》2007年第3期。

33. 李彬:《走出道德困境——社会转型下的道德建设研究》,湖南师范大学博士学位论文,2006年。

34. 唐汉卫:《生活——道德教育的基础》,山东师范大学博士学位论文,2003年。

35. 喻学林:《学校道德教育的有限性研究》,华中师范大学博士学位论文,2007年。

36. Power C, Kohlberg L., *"Using a Hidden Curriculum for Moral Education"*, In the Education Digest, 1987.

37. Richard Pring, *"Education as a Moral Practice. Journal of Moral Education"*, 2001.

38. David E. Purpel, *"The Decontextualization of Moral Education"*, American Journal of Education, 2003.